Antropologia do ciborgue

As vertigens do pós-humano

Créditos

1. O ensaio de Donna Haraway é traduzido do capítulo 8, "A Cyborg Manifesto: Science, Technology, and Socialist-Feminism in the Late Twentieth Century", de seu livro *Simians, Cyborgs, and Women: The Reinvention of Nature*, publicado pela editora Routledge. © Donna J. Haraway 1991. Reproduzido aqui com permissão de Taylor & Francis, Inc./Routledge, Inc., http://www.routledge-ny.com.
2. Os ensaios "Você é um ciborgue" e "Genealogia do ciborgue", de autoria de Hari Kunzru, foram originalmente publicados na revista *Wired*, 5 de fevereiro de 1997. © Hari Kunzru, 1997. Reproduzidos aqui com a autorização do autor.

DONNA HARAWAY
HARI KUNZRU
TOMAZ TADEU

Antropologia do ciborgue

As vertigens do pós-humano

ORGANIZAÇÃO E TRADUÇÃO
Tomaz Tadeu

2ª EDIÇÃO

Copyright desta edição © 2025 Autêntica Editora
Copyright da tradução © 2000 Tomaz Tadeu

Títulos originais: *A Cyborg Manifesto: Science, Technology, and Socialist-Feminism in the Late Twentieth Century* ; *You Are Cyborg: The Cyborg Ancestry.*

Todos os direitos reservados pela Autêntica Editora Ltda. Nenhuma parte desta publicação poderá ser reproduzida, seja por meios mecânicos, eletrônicos, seja via cópia xerográfica, sem a autorização prévia da Editora.

EDITORAS RESPONSÁVEIS
Rejane Dias
Cecília Martins

REVISÃO
Cilene De Santis
Ana Carolina Lins Brandão

CAPA
Diogo Droschi

DIAGRAMAÇÃO
Guilherme Fagundes

**Dados Internacionais de Catalogação na Publicação (CIP)
Câmara Brasileira do Livro, SP, Brasil**

Haraway, Donna
 Antropologia do ciborgue : as vertigens do pós-humano / Donna Haraway, Hari Kunzru, Tomaz Tadeu ; organização e tradução Tomaz Tadeu. -- 2. ed. -- Belo Horizonte, MG : Autêntica, 2025. -- (Textos Singulares)

 Títulos originais: A Cyborg Manifesto: Science, Technology, and Socialist-Feminism in the Late Twentieth Century ; You Are Cyborg: The Cyborg Ancestry.

 ISBN 978-65-5928-535-8

 1. Antropologia filosófica 2. Ciborgues 3. Tecnologia - Aspectos sociais 4. Teoria feminista I. Kunzru, Hari. II. Tadeu, Tomaz. III. Título. IV. Série.

Índices para catálogo sistemático:
1. Ciborgue : Antropologia filosófica 128

Eliete Marques da Silva - Bibliotecária - CRB-8/9380

Belo Horizonte
Rua Carlos Turner, 420
Silveira . 31140-520
Belo Horizonte . MG
Tel.: (55 31) 3465 4500

São Paulo
Av. Paulista, 2.073 . Conjunto Nacional
Horsa I . Salas 404-406 . Bela Vista
01311-940 . São Paulo . SP
Tel.: (55 11) 3034 4468

www.grupoautentica.com.br
SAC: atendimentoleitor@grupoautentica.com.br

7 Nós, ciborgues
O corpo elétrico e a dissolução do humano
Tomaz Tadeu

13 "Você é um ciborgue"
Um encontro com Donna Haraway
Hari Kunzru

27 Manifesto ciborgue
Ciência, tecnologia e feminismo socialista
no final do século XX
Donna Haraway

113 Genealogia do ciborgue
Hari Kunzru

Nós, ciborgues

O corpo elétrico e a dissolução do humano

Tomaz Tadeu

A subjetividade humana é, hoje, mais do que nunca, uma construção em ruínas. Ela já não tinha mesmo jeito, desde as devastadoras demolições dos "mestres da suspeita": Marx, Freud, Nietzsche, sem esquecer, é claro, Heidegger. A obra de desconstrução iria prosseguir, incansável, a partir de meados do século XX, com as operações de desalojamento do *cogito* cartesiano efetuadas pela revisão althusseriana de Marx e pela revisão lacaniana de Freud. Depois, com os pós-estruturalistas, Foucault, Deleuze, Derrida, Lyotard, o estrago se tornaria irremediável e irreversível. Sem volta. *A Point of no Return.* A questão não é mais, agora, "quem é o sujeito?", mas "queremos, ainda, ser sujeitos?", "quem precisa do sujeito?" (Guzzoni, 1996), "quem tem nostalgia do sujeito?" e, mais radicalmente, talvez, "quem vem depois do sujeito?" (Cadava; Connor; Nancy, 1991). Ou ainda, como Maurice Blanchot (1991), a essa última pergunta podemos, talvez cinicamente, nos limitar a retrucar: "quem mesmo?".

Mas o sujeito vaza por todos os lados. As feministas não cansam de nos lembrar que o retrato canônico do sujeito que posa como abstrato, universal, racional, reflexivo evoca – coincidência? – um membro típico de um subconjunto particular do gênero masculino. Os estudos culturais sobre raça e etnia denunciam, de forma insistente, as relações espúrias entre, de um lado, o sujeito que é privilegiado no discurso e nas instituições dominantes e, de outro, o homem branco, de ascendência europeia. A análise pós-colonialista, por sua vez, flagra o sujeito racional e iluminado em suspeitas posições que denunciam as complexas tramas entre desejo, poder, raça, gênero e sexualidade em que ele se vê, inevitável e inequivocamente, envolvido. Reunidas, essas teorias mostram que não existe sujeito ou subjetividade fora da história e da linguagem, fora da cultura e das relações de poder. Sobra alguma coisa?

É, entretanto, na teoria cultural que analisa as radicais transformações culturais pelas quais passamos que podemos ver o desenvolvimento de um pensamento que nos faz questionar radicalmente as concepções dominantes sobre a subjetividade humana. Ironicamente, são os processos que estão transformando, de forma radical, o corpo humano que nos obrigam a repensar a "alma" humana. Quando aquilo que é supostamente animado se vê profunda e radicalmente afetado, é hora de perguntar: qual é mesmo a natureza daquilo que anima o que é animado? É no confronto com clones, ciborgues e outros híbridos tecnonaturais que a "humanidade" de nossa subjetividade se vê colocada em questão.

Pois uma das mais importantes questões de nosso tempo é justamente: onde termina o humano e onde começa a máquina? Ou, dada a ubiquidade das máquinas, a ordem não seria a inversa?: onde termina a máquina e onde começa o humano? Ou ainda, dada a geral promiscuidade entre o humano e a máquina, não seria o caso de se considerar ambas as perguntas simplesmente sem sentido?

Mais do que a metáfora, é a realidade do ciborgue, sua inegável presença em nosso meio ("nosso"?), que põe em xeque a ontologia do humano. Ironicamente, a existência do ciborgue não nos intima a perguntar sobre a natureza das máquinas, mas, muito mais perigosamente, sobre a natureza do humano: quem somos nós?

Primeiramente, a ubiquidade do ciborgue. Uma das características mais notáveis desta nossa era (chamem-na pelo nome que quiserem: a mim, "pós-moderna" não me desagrada) é precisamente a indecente interpenetração, o promíscuo acoplamento, a desavergonhada conjunção entre o humano e a máquina. Em um nível mais abstrato, em um nível "mais alto", essa promiscuidade generalizada traduz-se em uma inextrincável confusão entre ciência e política, entre tecnologia e sociedade, entre natureza e cultura. Não existe nada mais que seja simplesmente "puro" em qualquer dos lados da linha de "divisão": a ciência, a tecnologia, a natureza puras; o puramente social, o puramente político, o puramente cultural. Total e inevitável embaraço. Uma situação embaraçosa? Mas, cheia de promessas, também: é que o negócio todo é, todo ele, fundamentalmente ambíguo. Vejamos, pois, onde eles (eles?) estão.

Os ciborgues vivem de um lado e do outro da fronteira que separa (ainda) a máquina do organismo. Do lado do organismo: seres humanos que se tornam, em variados graus, "artificiais". Do lado da máquina: seres artificiais que não apenas simulam características dos humanos, mas que se apresentam melhorados relativamente a esses últimos. De acordo com a taxonomia proposta por Gray, Mentor e Figueroa-Sarriera (1995, p. 3), as tecnologias ciborguianas podem ser: 1. restauradoras: permitem restaurar funções e substituir órgãos e membros perdidos; 2. normalizadoras:

retornam as criaturas a uma indiferente normalidade; 3. re-configuradoras: criam criaturas pós-humanas que são iguais aos seres humanos e, ao mesmo tempo, diferentes deles; 4. melhoradoras: criam criaturas melhoradas, relativamente ao ser humano.

A lista apresentada a seguir ilustra as "intervenções" que vêm afetando os dois tipos de "seres", contribuindo para confundir suas respectivas ontologias. De um lado, a mecanização e a eletrificação do humano; de outro, a humanização e a subjetivação da máquina. É da combinação desses processos que nasce essa criatura pós-humana a que chamamos "ciborgue".

Implantes, transplantes, enxertos, próteses. Seres portadores de órgãos "artificiais". Seres geneticamente modificados. Anabolizantes, vacinas, psicofármacos. Estados "artificialmente" induzidos. Sentidos farmacologicamente intensificados: a percepção, a imaginação, a tesão. Superatletas. Supermodelos. Superguerreiros. Clones. Seres "artificiais" que superam, localizada e parcialmente (por enquanto), as limitadas qualidades e as evidentes fragilidades dos humanos. Máquinas de visão melhorada, de reações mais ágeis, de coordenação mais precisa. Máquinas de guerra melhoradas de um lado e outro da fronteira: soldados e astronautas quase "artificiais"; seres "artificiais" quase humanos. Biotecnologias. Realidades virtuais. Clonagens que embaralham as distinções entre reprodução natural e reprodução artificial. Bits e bytes que circulam, indistintamente, entre corpos humanos e corpos elétricos, tornando-os igualmente indistintos: corpos humano-elétricos.

Depois, a ontologia. Aquilo que caracteriza a máquina nos faz questionar aquilo que caracteriza o humano: a matéria de que somos feitos. A *imagem* do ciborgue nos *estimula* a repensar a subjetividade humana; sua *realidade* nos *obriga* a deslocá-la. A imagem da subjetividade humana que tem dominado o nosso pensamento é, como sabemos, aquela que nos foi legada pelo *cogito* cartesiano: a existência do sujeito é idêntica ao seu pensamento. Embora temperada pelas diversas filosofias hegelianas, kantianas, fenomenológicas e existencialistas, foi a imagem de um sujeito pensante, racional e reflexivo, considerado como a origem e o centro do pensamento e da ação, que esteve subjacente, até recentemente, às principais teorias sociais e políticas ocidentais. Esse "sujeito" é, na verdade, o fundamento da ideia moderna e liberal de democracia. É "ele", ainda, que está no centro da própria ideia moderna de educação.

Se existe, entretanto, uma criatura tecno-humana que simula o humano, que em tudo parece humana, que *age* como um humano, que se *comporta* como um humano, mas cujas ações e comportamentos não podem ser retroagidos a nenhuma interioridade, a nenhuma racionalidade, a nenhuma essencialidade, em suma, a nenhuma das qualidades que utilizamos para caracterizar o humano, porque feita de fluxos e circuitos, de fios e de silício, e não do macio e fofo tecido de que somos *ainda* feitos, então é a própria singularidade e exclusividade do humano que se dissolve. A heterogeneidade de que é feito o ciborgue – o duro e o mole, a superficialidade e a profundidade – invalida a homogeneidade do humano tal como o imaginamos. A ideia do ciborgue, a *realidade* do ciborgue, tal como a da possibilidade da clonagem, é aterrorizante, não porque coloca em dúvida a origem divina do humano, mas porque coloca em xeque a originalidade do humano. *Kaput*. Fim do privilégio.

O ciborgue nos força a pensar não em termos de "sujeitos", de mônadas, de átomos ou indivíduos, mas em termos de fluxos e intensidades, tal como sugerido, aliás, por uma "ontologia" deleuziana. O mundo não seria constituído, então, de unidades ("sujeitos"), de onde partiriam as ações sobre outras unidades, mas, inversamente, de correntes e circuitos que encontram aquelas unidades em sua passagem. Primários são os fluxos e as intensidades, relativamente aos quais os indivíduos e os sujeitos são secundários, subsidiários.

Integre-se, pois, à corrente. Plugue-se. Ligue-se. A uma tomada. Ou a uma máquina. Ou a outro humano. Ou a um ciborgue. Torne-se um: devir-ciborgue. Eletrifique-se. O humano se dissolve como unidade. É só eletricidade. Tá ligado?

Referências

Blanchot, Maurice. Who. In: Cadava, Eduardo; Connor, Peter; Nancy, Jean-Luc (Orgs.). *Who Comes After the Subject?* Nova York: Routledge, 1991. p. 58-60.

Cadava, Eduardo; Connor, Peter; Nancy, Jean-Luc (Orgs.). *Who Comes After the Subject?* Nova York: Routledge, 1991.

Gray, Chris H.; Mentor, Steven; Figueroa-Sarriera, Heidi J. Cyborgology. Constructing the Knowledge of Cybernetic Organisms. In: Gray, Chris H.; Figueroa-Sarriera, Heidi J.; Mentor, Steven (Orgs.). *The Cyborg Handbook*. Nova York, Routledge, 1995. p. 1-14.

Guzzoni, Ute. Do We Still Want to be Subjects? In: Critchley, Simon; Dews, Peter (Orgs.). *Deconstructive Subjectivities*. Nova York: State University of New York Press, 1996. p. 201-216.

"Você é um ciborgue"
Um encontro com Donna Haraway

Hari Kunzru

O monstro abre as cortinas da cama de Victor Frankenstein. Schwarzenegger rasga a pele de seu antebraço, deixando exposto um cintilante esqueleto de cromo e aço. A pele de Tetsuo[1] borbulha e cabos e fios irrompem para a superfície. Esses febris sonhos de ficção científica têm origem em nossas mais profundas preocupações sobre ciência, tecnologia e sociedade. Com os avanços na medicina, na robótica e na pesquisa sobre Inteligência Artificial, eles estão se aproximando, inexoravelmente, da realidade. Quando a tecnologia atua sobre o corpo, nosso horror mescla-se, sempre, com uma intensa fascinação. Mas de que forma, exatamente, age a tecnologia? E em que profundidade ela penetrou sob a membrana de nossa pele?

As respostas podem estar no Condado de Sonoma, Califórnia. Não é o lugar mais futurista do mundo; bem pelo contrário. Os pequenos conjuntos de casas de madeira esparsamente distribuídas ao longo do rio (Russian River) parecem pertencer a alguma América atemporal, feita de antigos chevrolets e nostálgicas sorveterias. Fora da pequena cidade de Healdsburg (população: 9.978), imensas plantações de videiras espalham-se ao longo da estrada, com placas que, orgulhosamente, proclamam as datas da fundação das respectivas vinícolas. As próprias vinhas, transplantadas da Europa, carregam uma herança genética muito mais antiga. É, entretanto, nesse letárgico lugar que estão sendo definidas novas visões sobre o futuro tecnológico. Retirado da autoestrada principal, vê-se um belíssimo vale de sequoias. Aqui, em uma pequena casa de madeira, vive alguém que diz saber o que está realmente acontecendo com corpos e máquinas. Ela deve saber – ela é uma ciborgue.

Encontre Donna Haraway e você terá uma sensação de falta de conexão. Ela certamente não se parece com uma ciborgue. Fala mansa, na casa dos cinquenta, com uma risada contagiante e rodeada por cães e gatos, ela se parece mais com uma tia querida do que com uma ciborgue – esse produto de um bilhão de dólares do complexo industrial-militar dos Estados Unidos. Ela diz que, sob a superfície, tem os mesmos órgãos internos que todo mundo – embora esse não seja exatamente o tipo de coisa que se possa pedir a ela que prove em uma entrevista. Donna Haraway declara-se, entretanto, como sendo, ela própria, uma ciborgue – um tipo de corpo que representa a quintessência da tecnologia.

Os sociólogos e os acadêmicos de todo o mundo seguiram a sua deixa e chegaram à mesma conclusão sobre si próprios. Se pensarmos em termos de uma transformação generalizada, se pensarmos em termos de indivíduos que estão tão isolados do "mundo" que só podemos imaginá-los como nós que estão interligados por meio de redes, os anos 1990 poderão muito bem ser lembrados como os do início da era do ciborgue.

Como professora de História da Consciência na Universidade da Califórnia, Santa Cruz, Haraway pode ser considerada uma pensadora pioneira sobre a relação de amor e ódio das pessoas com as máquinas. Suas ideias têm suscitado uma explosão de debates em áreas tão diversas quanto Primatologia, Filosofia, e Biologia do Desenvolvimento. Seu nome é uma legenda entre jovens curtidores das novas tecnologias. Seu último livro, barrocamente intitulado *Modest_Witness@Second_ Millennium. FemaleMan©_Meets_OncoMouse™* (Routledge, 1997), é o primeiro em cinco anos, tendo sido mais ansiosamente esperado do que qualquer outro texto acadêmico dos últimos anos. Nesse livro, Haraway concentra-se nas redes biológicas e faz uma análise crítica da forma pela qual a Biotecnologia está construindo nossos corpos. A autora questiona o viés masculinista da cultura científica e vê a si própria como uma modesta e confusa testemunha da revolução ética trazida pela Engenharia Genética. Incapaz de silenciar sobre o que vê, Haraway, escrupulosamente, observa e registra. Ela se tornou uma heroína também para uma geração de mulheres que começam a chamar a si próprias de "ciberfeministas".

O ciberfeminismo, diz Sadie Plant, diretora do Centre for Research into Cybernetic Culture, da Universidade de Warwick, na Inglaterra, é "uma aliança entre as mulheres, a maquinaria e as novas tecnologias. Existe uma velha relação entre a tecnologia da informação e a libertação das mulheres". Trata-se de uma visão que ressoa bem entre as pensadoras feministas. Acadêmicas como, por exemplo, Katherine Hayles, utilizam as ideias de Haraway na Teoria Literária, enquanto a teórica e *performer* transgenerificada (de-homem-para-mulher) Allucquère Rosanne Stone choca a academia com suas excêntricas análises da transformação tecnológica de seu próprio corpo. O ensaio mais famoso de Haraway, "Manifesto em favor dos ciborgues", inicialmente publicado em 1985, tornou-se parte do currículo de graduação em inúmeras universidades.

As tendências da Costa Oeste

A própria Haraway é uma veterana da contracultura dos anos 1960, uma época que não é conhecida por sua fé na transformação tecnológica. Ela tem aquela aura de sabedoria levemente cínica que se adquire quando se passou tempo suficiente lutando em prol de causas esquerdistas. É, por isso, surpreendente verificar o quanto suas ideias se opõem às desgastadas concepções de volta-à-natureza que marcam o estereótipo que temos da Costa Leste [dos Estados Unidos]. Trata-se de uma mulher que não tem qualquer interesse em ser uma "mãe-natureza" ou em retornar a algum passado mítico e pré-tecnológico. Ela é famosa por ter uma vez afirmado: "prefiro ser uma ciborgue a ser uma deusa", desafiando a tradicional concepção feminista de que a ciência e a tecnologia são pragas patriarcais a assolar a superfície da natureza. Como uma ciborgue, Haraway é um produto da ciência e da tecnologia; ela não vê muito sentido no assim chamado "feminismo da deusa", que prega que as mulheres poderão encontrar a liberdade apenas na medida em que se desprenderem do mundo moderno e descobrirem sua suposta conexão espiritual com a Mãe Terra. Quando Donna Haraway diz que é uma ciborgue, ela não está afirmando ser diferente ou especial. Ocorre que, para Haraway, as realidades da vida moderna implicam uma relação tão íntima entre as pessoas e a tecnologia que não é mais possível dizer onde nós acabamos e onde as máquinas começam. Na verdade, ela não é a única criatura-ciborgue em Healdsburg: existem mais 9.977.

Sentado na varanda, ouvindo Haraway explicar suas ideias, ouvindo ao fundo pássaros cantando e insetos zumbindo, é difícil não ter o sentimento de que ela está falando de algum mundo paralelo, de alguma colônia de cromo e neon descrita em um romance *cyberpunk*.

Estamos falando, neste caso, de formas inteiramente novas de subjetividade. Estamos falando seriamente sobre mundos em mutação que nunca existiram, antes, neste planeta. E não se trata simplesmente de ideias. Trata-se de uma nova carne.

Mas ela não está falando de algum suposto futuro ou de um lugar tecnologicamente avançado, mas isolado, do presente. A era do ciborgue é aqui e agora, onde quer que haja um carro, um telefone ou um gravador de vídeo. Ser um ciborgue não tem a ver com quantos bits de silício temos sob nossa pele ou com quantas próteses nosso corpo contém. Tem a ver com o fato de Donna Haraway ir à academia de ginástica, observar uma prateleira de alimentos energéticos para *bodybuilding*, olhar as máquinas para malhação e dar-se conta de que ela está em um lugar que não existiria sem a ideia do corpo como uma máquina de alta performance. Tem a ver com calçados atléticos.

"Pense sobre a tecnologia dos calçados para esportes", diz ela. "Antes da Guerra Civil [Americana], nem sequer havia, na indústria calçadista, qualquer diferenciação entre o calçado do pé esquerdo e o do pé direito. Agora, temos um calçado para cada atividade". Vencer os Jogos Olímpicos na era do ciborgue não tem a ver simplesmente com correr mais rápido. Tem a ver com "a interação entre medicina, dieta, práticas de treinamento, vestimentas e fabricação de equipamentos, visualização e controle de tempo". Quando o furor sobre a ciborguização de atletas por meio de drogas para melhorar a performance alcançou seu máximo no último verão, Haraway não podia compreender a razão de tanta discussão. Com drogas ou sem drogas, o treinamento e a tecnologia fazem de todo atleta olímpico um nó em uma rede tecnocultural internacional tão "artificial" quanto o supercorredor Ben Johnson no ponto máximo de consumo de esteroides.

Se isto soa complicado, é porque é. O mundo de Haraway é um mundo de redes entrelaçadas – redes que são em parte humanas, em parte máquinas; complexos híbridos de carne e metal que jogam conceitos como "natural" e "artificial" para a lata do lixo. Essas redes híbridas são os ciborgues e eles não se limitam a estar à nossa volta – eles nos incorporam. Uma linha automatizada de produção em uma fábrica, uma rede de computadores em um escritório, os dançarinos em um clube, luzes, sistemas de som – todos são construções ciborguianas de pessoas e máquinas.

As redes também estão dentro de nós. Nossos corpos, nutridos pelos produtos da grande indústria de produção de alimentos, mantidos em forma sadia – ou doentia – pelas drogas farmacêuticas e alterados pelos procedimentos médicos, não são tão naturais quanto a empresa *Body Shop* quer nos fazer crer. A verdade é que estamos construindo a nós próprios, exatamente da mesma forma que construímos circuitos integrados ou sistemas políticos – e isso traz algumas responsabilidades. Haraway não tem qualquer dúvida de que, para sobrevivermos, precisamos acordar para a velocidade das complexas realidades da tecnocultura. Diante de qualquer um dos conhecidos argumentos que se centram nas distinções entre bom e mau, natureza e cultura, certo e errado, biologia e sociedade, ela sorri, deixa irromper sua contagiante e irônica gargalhada e nos lembra que o mundo é "mais confuso do que essas distinções nos fazem supor". Essa frase pode se tornar a frase que traduz a quintessência do século XXI.

O irônico mito político

O "Manifesto ciborgue" é um documento estranho, uma mistura de polêmica apaixonada, teorização complexa e divertimento tecnológico. Haraway denomina-o um "irônico mito político". Ela executa o truque nada insignificante de fazer com que o ciborgue se transforme de um ícone do poder da Guerra Fria em um símbolo da libertação feminista – nada mal para a primeira coisa que ela escreveu no computador recém-adquirido.

No manifesto, Haraway argumenta que o ciborgue – uma fusão de animal e máquina – joga para a lata do lixo as grandes oposições entre natureza e cultura, *self* e mundo, que atravessam grande parte de nosso pensamento. Por que isso é importante? Em conversas, quando as pessoas descrevem algo como sendo "natural", elas estão dizendo que "é assim que o mundo é, não podemos mudá-lo".

Por gerações, foi dito às mulheres que elas são "naturalmente" fracas, submissas, extremamente emocionais e incapazes de pensamento abstrato. Que estava "em sua natureza" serem mães em vez de executivas, que elas preferiam entreter visitas em casa a estudar Física das Partículas. Se todas essas coisas são naturais significa que elas não podem ser mudadas. Fim da história. Volta à cozinha. Proibido ir adiante.

Por outro lado, se as mulheres (e os homens) não são naturais, mas construídos, tal como um ciborgue, então, dados os instrumentos adequados, todos nós podemos ser reconstruídos. Tudo pode ser escolhido, desde lavar os pratos até legislar sobre a Constituição. Pressupostos básicos como, por exemplo, decidir se é natural ter uma sociedade baseada na violência e na dominação de um grupo sobre outro tornam-se repentinamente questionados. Talvez os humanos estejam biologicamente destinados a fazer guerras e a poluir o ambiente. Talvez não.

As feministas ao redor do mundo têm tirado proveito dessa possibilidade. O ciberfeminismo – não é um termo que Haraway utilize – está baseado na ideia de que, em conjunção com a tecnologia, é possível construir nossa identidade, nossa sexualidade, até mesmo nosso gênero, exatamente da forma que quisermos. Em contraste com o feminismo baseado na proibição do assim chamado "movimento da correção política", que se concentra em tentar policiar a sexualidade e em legislar contra comportamentos "inapropriados", as ciberfeministas deleitam-se em uma perversidade polimorfa. Elas formam uma igreja ampla e aberta (afinal, tudo é permitido): suas expressões vão desde sérias análises históricas das relações entre mulheres e a tecnologia até as afirmações do grupo australiano de arte *VNS Matrix* de que o clitóris é um instrumento para lançar as mulheres em um ciberespaço de uma ordem superior. Haraway não é nenhuma fanática do tipo "boba-feliz" da tecnologia – ela critica duramente os tecnoutópicos, incluindo alguns daqueles que podem ser encontrados em revistas que, como *Wired*, cobrem o estilo de vida *high-tech*. Mas tampouco é adepta daquilo que ela chama de "tecnofobia incondicional" de grande parte da política feminista. Como dizem as ciberfeministas do webzine *Geekgirl*, "as garotas precisam de modems".

De certa forma, os modems estão no centro da política ciborguiana. Ser uma ciborgue não tem a ver simplesmente com a liberdade de se autoconstruir. Tem a ver com redes. Desde que Descartes anunciou que "eu penso, logo existo", o mundo ocidental tem tido uma obsessão pouco sadia com a condição do eu. Do consumidor individual ao solitário mal compreendido, ensinam-se os cidadãos modernos a se pensarem como seres que existem no interior de suas cabeças, como seres que apenas secundariamente entram em contato com o resto do mundo. Desenhe um círculo. Dentro: eu. Fora: o mundo. Os filósofos se angustiam com a questão de determinar se existe qualquer realidade fora daquele círculo. Eles têm um termo técnico para suas neuroses – *ceticismo* – e fazem acrobacias intelectuais para dissipá-lo. Em um mundo feito de dúvidas, cruzar aquela fronteira torna-se um problema real, isto para não falar da questão de se romper o isolamento relativamente às outras pessoas.

Isto é, a menos que sejamos uma coleção de redes, constantemente fornecendo e recebendo informações ao longo da linha que constitui os milhões de redes que formam nosso "mundo". Adotar, nesse contexto, uma perspectiva ciborguiana parece uma coisa bastante sensata, se a comparamos com a estranheza do mundo cartesiano da dúvida. Tal como afirma Haraway, "os seres humanos já estão, sempre, imersos no mundo, já estão, sempre, envolvidos em produzir – em relações entre si e com os objetos – o que significa ser humano". Os seres humanos dos anos 1990 mostram uma surpreendente disposição para se compreenderem como criaturas conectadas entre si por meio de redes.

Se começarmos a falar com as pessoas sobre como elas preparam seu jantar ou que tipo de linguagem utilizam para descrever problemas em seu casamento, é muito provável que obtenhamos respostas que se expressam em termos de circuitos, de quebra de comunicação, de ruído e sinal – uma coisa curiosa.

Mesmo quando, por engano, nos tomamos por humanos, a forma como falamos mostra que sabemos que somos realmente ciborgues.

Mas não se trata apenas de retórica? Tudo bem em falar sobre ciborgues, mas existe qualquer necessidade de acreditar seriamente nessa ideia? "Sim", diz Haraway:

> As preocupações feministas estão dentro da tecnologia, não são um simples verniz retórico. Estamos falando de coabitação: entre diferentes ciências e diferentes formas de cultura, entre organismos e máquinas. Penso que as questões que realmente importam (quem vive, quem morre e a que preço) – essas questões políticas – estão corporificadas na tecnocultura. Elas não podem ser resolvidas de nenhuma outra maneira.

Para Haraway e muitas outras pessoas não existe mais qualquer coisa que possa ser chamada de "abstrata".

Para ilustrar essa questão, Haraway começa a falar sobre arroz.

> Imagine que você seja um pé de arroz. O que você quer? Você quer crescer e produzir rebentos antes que os insetos que são seus predadores cresçam e produzam rebentos para comer seus tenros brotos. Assim, você divide sua energia entre crescer tão rapidamente quanto possa e produzir toxinas em suas folhas para repelir os insetos. Agora, vamos dizer que você seja um pesquisador tentando convencer os agricultores californianos a deixar de utilizar pesticidas. Você está criando variedades de arroz que produzem mais toxinas alcaloides em suas folhas. Se os pesticidas são aplicados externamente, eles contam como sendo químicos – e grandes quantidades deles acabam nos corpos de imigrantes mexicanos ilegais que são contratados para a colheita. Se eles estão dentro da planta, eles contam como sendo naturais, mas podem acabar nos corpos dos consumidores que comem o arroz.

Os controles internacionais de fronteiras, a questão do natural versus o artificial, a ética do *agribusiness* e mesmo a política de regulamentação do trabalho estão ligadas em rede com a biologia do arroz e dos pesticidas. Quem vive? Quem morre? É isso que Haraway quer dizer quando fala que a política está dentro da tecnocultura. Não podemos fugir dela. Ocorre apenas que algumas vezes é difícil enxergá-la.

A religião da biologia

Talvez tivesse sido inevitável que Haraway acabasse misturando ciência e política, rompendo, assim, um dos grandes tabus de nosso tempo. Enquanto estudava para obter um doutorado em biologia, em Yale, no final dos anos 1960, Haraway deu-se conta de que "aquilo no qual eu estava realmente interessada não era tanto a biologia como uma ciência de investigação, mas a forma como ela é parte da política, da religião e da cultura em geral". Como participante de uma comunidade alternativa, ativa no movimento de libertação gay, dos direitos das mulheres e dos direitos civis; como participante de um programa de pós-graduação em biologia que estava profundamente envolvido "em um trabalho em torno de herbicidas químicos, relacionado com a guerra contra o Vietnã"; e como participante de uma universidade que fazia parte do complexo industrial-militar que conduzia a guerra, ela dificilmente poderia deixar de ser política.

Seu trabalho de doutorado em biologia celular ("nada maior do que um micróbio") estava estagnado e ela acabou no Havaí, ensinando ciências para crianças destinadas a trabalhar em hotéis e a ser guias turísticos. Ela tinha ido para lá com seu marido, Jaye Miller, que era ativamente gay, e um companheiro da comunidade alternativa. "Imaginamos,

afinal, que queríamos cometer um pequeno incesto irmão-
-irmã, mas na época não tínhamos qualquer outro modelo
que não fosse o do casamento". Alguns anos mais tarde, eles
"deixaram de ser casados", mas continuaram a viver na mesma
casa, juntamente com seus respectivos parceiros, até a morte
de Miller, em 1991, de uma doença relacionada à aids.

O sistema imunológico tem figurado, desde então, com
frequência, no trabalho de Haraway – como um sistema
de informação; como algo que não era sequer claramente
compreendido como uma entidade singular até os anos
1970; como um "objeto potente e polimorfo de crença,
conhecimento e prática", como ela diz em seu livro, *Simians,
Cyborgs, and Women*. O sistema imunológico é um perfeito
exemplo da consciência em rede da era do ciborgue. É
também um bom exemplo daquilo que Haraway quer
dizer quando ela nega que haja qualquer coisa que se possa
chamar de "abstrata". No final, seu trabalho e sua vida, a morte
de seu amigo e a biologia teórica estão, todos, entrelaçados:
uma rede desordenada de dor pessoal, política e ciência.

No final dos anos 1970, Haraway estava na Universidade
Johns Hopkins, lecionando História da Ciência e pensando
sobre macacos e sobre as pessoas que os estudam. "Naquela
época", ela relembra, "o comportamento dos primatas forma-
va a matriz para todos os tipos de discussões sobre agressão,
violência sexual, dominação e hierarquia". Como ela escreveu
em *Primate Visions* (Routledge, 1989), o livro que resultou de
seu trabalho acadêmico na universidade, "o tráfico científico
e comercial de macacos e símios é não apenas um tráfico de
vidas animais mas também um tráfico de significados".

Os primatologistas, ela argumenta, estão trabalhando
nas "fronteiras", onde as diferenças entre animais e humanos
são definidas – diferenças que são mais confusas do que as

pessoas pensam. Se os macacos não são fundamentalmente diferentes das pessoas, então nosso sentimento de superioridade relativamente aos animais pode estar baseado em um castelo de areia. E uma vez que os primatas são nossos primos próximos na cadeia da evolução, seu comportamento pode conter indicações importantes sobre nosso próprio desenvolvimento – ou pode servir para refletir a visão que temos desse desenvolvimento.

Com frequência, a descrição que os primatologistas fazem da sociedade símia contém pressupostos implícitos que se baseiam em um particular modelo político, humano ou social. Os primatologistas homens com frequência descrevem essas sociedades como sendo dominadas por poderosos machos, com seus haréns femininos; uma geração mais nova de mulheres primatologistas mostra que forças bem diferentes estão em funcionamento nessas sociedades. Como sempre, a política atravessa a ciência mais objetiva. "Os primatas", observa Haraway, "são uma forma de pensar sobre o mundo como um todo".

A situação das pessoas

Haraway finalmente acabou indo ensinar na Universidade da Califórnia, em Santa Cruz. Após o conservadorismo de Baltimore e da Johns Hopkins, a Califórnia surgia como um alívio. "Foi como voltar para casa", ela dá uma gargalhada, contando uma estranha história sobre um grupo que prega práticas radicais de parto e sobre uma cerimônia em que se comem placentas. "Compreendi que estava em minha comunidade. Essas pessoas compreenderiam a loucura da coisa toda". É uma coisa estranhamente comovedora para ser dita. Haraway está em frente a um mundo de facções em guerra, ideologias em conflito, oposições em choque: o estado e o povo, o gay e o heterossexual, o capitalismo e o comunismo, o humano e o animal, as pessoas e as máquinas. É tudo, obviamente, uma loucura completa. Ela tem o costume de descrever as pessoas mais improváveis como "os caras" [*folks*]; assim ela fala dos "caras do Pentágono" e "os caras que lutaram a guerra do Vietnã". A ideia do ciborgue pode ser, no fim, a forma que Haraway tem de nos mostrar como deixar que os caras sejam os caras, em vez de marcá-los por meio de divisões arbitrárias e cruéis. E com isso, Healdsburg repentinamente parece constituir o ponto de observação perfeito a partir do qual se pode contemplar a loucura do mundo moderno.

Donna Haraway senta na varanda, bebe uma cerveja e acaricia seu gato mais velho, que teve, recentemente, uma briga com um animal selvagem. Como uma testemunha da era do ciborgue, ela não podia ser mais complicada, mais desordenada em suas fidelidades e interesses. Se quisermos construir uma tecnocultura humana, em vez de um pesadelo kafkiano, faremos bem em ouvir o que ela tem a dizer.

A tecnologia não é neutra. Estamos dentro daquilo que fazemos e aquilo que fazemos está dentro de nós. Vivemos em um mundo de conexões – e é importante saber quem é que é feito e desfeito.

Nota

[1] Personagem do filme japonês *Tetsuo, o homem de ferro* (1988), dirigido por Shinya Tsukamoto. Tetsuo é um jovem que entra em pânico depois que a ferida deixada por um implante de ferro em sua perna se torna infectada, fazendo com que ele corra para a rua e seja atropelado por um carro. Após o acidente, seu corpo desenvolve crescentes próteses de metal até que é completamente tomado pelo metal. (N.T.)

Manifesto ciborgue
Ciência, tecnologia e feminismo socialista no final do século XX

Donna Haraway

Este ensaio[1] é um esforço para construir um mito político, pleno de ironia, que seja fiel ao feminismo, ao socialismo e ao materialismo.[2] Um mito que poderá ser, talvez, mais fiel – na medida em a blasfêmia possa sê-lo – do que uma adoração ou uma identificação reverente. A blasfêmia sempre exigiu levar as coisas a sério. Não conheço, dentre as tradições seculares-religiosas e evangélicas da política dos Estados Unidos, incluindo a política do feminismo socialista, nenhuma posição melhor a adotar do que essa. A blasfêmia nos protege da maioria moral interna, ao mesmo tempo em que insiste na necessidade da comunidade. Blasfêmia não é apostasia. A ironia tem a ver com contradições que não se resolvem – ainda que dialeticamente – em totalidades mais amplas: ela tem a ver com a tensão de manter juntas coisas incompatíveis porque todas são necessárias e verdadeiras. A ironia tem a ver com o humor e o jogo sério. Ela constitui também uma estratégia retórica e um método político que eu gostaria de ver mais respeitados no feminismo socialista. No centro de minha fé irônica, de minha blasfêmia, está a imagem do ciborgue.

Um ciborgue é um organismo cibernético, um híbrido de máquina e organismo, uma criatura de realidade social e também uma criatura de ficção. Realidade social significa relações sociais vividas, significa nossa construção política mais importante, significa uma ficção capaz de mudar o mundo. Os movimentos internacionais de mulheres têm construído aquilo que se pode chamar de "experiência das mulheres". Essa experiência é tanto uma ficção quanto um fato do tipo mais crucial, mais político. A libertação depende da construção da consciência da opressão, depende de sua imaginativa apreensão e, portanto, da consciência e da apreensão da possibilidade. O ciborgue é uma matéria de ficção e também de experiência vivida – uma experiência que muda aquilo que conta como experiência feminina no final do século XX. Trata-se de uma luta de vida e morte, mas a fronteira entre a ficção científica e a realidade social é uma ilusão ótica.

A ficção científica contemporânea está cheia de ciborgues – criaturas que são simultaneamente animal e máquina, que habitam mundos que são, de forma ambígua, tanto naturais quanto fabricados. A medicina moderna também está cheia de ciborgues, de junções entre organismo e máquina, cada qual concebido como um dispositivo codificado, em uma intimidade e com um poder que nunca, antes, existiu na história da sexualidade. O sexo-ciborgue restabelece, em alguma medida, a admirável complexidade replicativa das samambaias e dos invertebrados – esses magníficos seres orgânicos que podem ser vistos como uma profilaxia contra o heterossexismo. O processo de replicação dos ciborgues está desvinculado do processo de reprodução orgânica. A produção moderna parece um sonho de colonização ciborguiana, um sonho que faz com que, comparativamente, o pesadelo do taylorismo pareça idílico. Além disso, a guerra moderna é uma orgia ciborguiana, codificada por meio da sigla C³I (comando-controle-comunicação-inteligência) – um item de 84 bilhões de dólares no orçamento militar. Estou argumentando em favor do ciborgue como uma ficção que mapeia nossa realidade social e corporal e também como um recurso imaginativo que pode sugerir alguns frutíferos acoplamentos. O conceito de biopolítica de Michel Foucault não passa de uma débil premonição da política-ciborgue – uma política que nos permite vislumbrar um campo muito mais aberto.

No final do século XX, neste nosso tempo, um tempo mítico, somos todos quimeras, híbridos – teóricos e fabricados – de máquina e organismo; somos, em suma, ciborgues. O ciborgue é nossa ontologia; ele determina nossa política. O ciborgue é uma imagem condensada tanto da imaginação quanto da realidade material: esses dois centros, conjugados, estruturam qualquer possibilidade de transformação histórica. Nas tradições da ciência e da política ocidentais (a tradição do capitalismo racista, dominado pelos homens; a tradição do progresso; a tradição da apropriação da natureza como matéria para a produção da cultura; a tradição da reprodução do eu a partir dos reflexos do outro), a relação entre organismo e máquina tem sido uma guerra de fronteiras. As coisas que estão em jogo nessa guerra de fronteiras são os territórios da produção, da reprodução e da imaginação. Este ensaio é um argumento em favor do *prazer* da confusão de fronteiras, bem como em favor da *responsabilidade* em sua construção. É também um esforço de contribuição para a teoria e para a cultura socialista-feminista, de uma forma pós-modernista, não naturalista, na tradição utópica de se imaginar um mundo sem gênero, que será talvez um mundo sem gênese, mas, talvez, também, um mundo sem fim. A encarnação ciborguiana está fora da história da salvação. Ela tampouco obedece a um calendário edípico, no qual as terríveis clivagens de gênero seriam curadas por meio de uma utopia simbiótica oral ou de um apocalipse pós-edípico. Como argumenta Zoe Sofoulis em *Lacklein* (seu ensaio, inédito, sobre Jacques Lacan, Melanie Klein e a cultura nuclear), os mais terríveis e talvez mais promissores monstros dos mundos ciborguianos estão corporificados em narrativas não edípicas, obedecendo a uma lógica de repressão diferente, a qual, em nome de nossa sobrevivência, precisamos compreender.

O ciborgue é uma criatura de um mundo pós-gênero: ele não tem qualquer compromisso com a bissexualidade, com a simbiose pré-edípica, com o trabalho não alienado. O ciborgue não tem qualquer fascínio por uma totalidade orgânica que pudesse ser obtida por meio da apropriação última de todos os poderes das respectivas partes, as quais se combinariam, então, em uma unidade maior. Em certo sentido, o ciborgue não é parte de qualquer narrativa que faça apelo a um estado original, de uma "narrativa de origem", no sentido ocidental, o que constitui uma ironia "final", uma vez que o ciborgue é também o *telos* apocalíptico dos crescentes processos de dominação ocidental que postulam uma subjetivação abstrata, que prefiguram um eu último, libertado, afinal, de toda dependência – um homem no espaço. As narrativas de origem, no sentido "ocidental", humanista, dependem do mito da unidade original, da ideia de plenitude, da exultação e do terror, representados pela mãe fálica da qual todos os humanos devem se separar – uma tarefa atribuída ao desenvolvimento individual e à história, esses gêmeos e potentes mitos tão fortemente inscritos, para nós, na psicanálise e no marxismo. Hilary Klein argumenta que tanto o marxismo quanto a psicanálise, por meio dos conceitos de trabalho, individuação e formação de gênero, dependem da narrativa da unidade original, a partir da qual a diferença deve ser produzida e arregimentada, num drama de dominação crescente da mulher/natureza. O ciborgue pula o estágio da unidade original, da identificação com a natureza, no sentido ocidental. Essa é sua promessa ilegítima, aquela que pode levar à subversão da teleologia que o concebe como Guerra nas Estrelas.

O ciborgue está determinadamente comprometido com a parcialidade, a ironia e a perversidade. Ele é oposicionista, utópico e nada inocente. Não mais estruturado pela polaridade do público e do privado, o ciborgue define uma *pólis* tecnológica baseada, em parte, numa revolução das relações sociais do *oikos* – a unidade doméstica. Com o ciborgue, a natureza e a cultura são reestruturadas: uma não pode mais ser o objeto de apropriação ou de incorporação pela outra. Em um mundo de ciborgues, as relações para se construir totalidades a partir das respectivas partes, incluindo as da polaridade e da dominação hierárquica, são questionadas. Diferentemente das esperanças do monstro de Frankenstein, o ciborgue não espera que seu pai vá salvá-lo por meio da restauração do Paraíso, isto é, por meio da fabricação de um parceiro heterossexual, por meio de sua complementação em um todo, uma cidade e um cosmo acabados. O ciborgue não sonha com uma comunidade baseada no modelo da família orgânica mesmo que, desta vez, sem o projeto edípico. O ciborgue não reconheceria o Jardim do Éden; ele não é feito de barro e não pode sonhar em retornar ao pó. É talvez por isso que quero ver se os ciborgues podem subverter o apocalipse do retorno ao pó nuclear que caracteriza a compulsão maníaca para encontrar um Inimigo. Os ciborgues não são reverentes; eles não conservam qualquer memória do cosmo:

por isso, não pensam em recompô-lo. Eles desconfiam de qualquer holismo, mas anseiam por conexão – eles parecem ter uma inclinação natural por uma política de frente unida, mas sem o partido de vanguarda. O principal problema com os ciborgues é, obviamente, que eles são filhos ilegítimos do militarismo e do capitalismo patriarcal, isso para não mencionar o socialismo de estado. Mas os filhos ilegítimos são, com frequência, extremamente infiéis às suas origens. Seus pais são, afinal, dispensáveis.

Retornarei, no final deste ensaio, à ficção científica dos ciborgues, mas quero assinalar, agora, três quebras de fronteira cruciais, as quais tornam possível a análise político-ficcional (político-científica) que se segue. Na cultura científica estadunidense do final do século XX, a fronteira entre o humano e o animal está completamente rompida. Caíram as últimas fortalezas da defesa do privilégio da singularidade [humana] – a linguagem, o uso de instrumentos, o comportamento social, os eventos mentais; nada disso estabelece, realmente, de forma convincente, a separação entre o humano e o animal. Muitas pessoas nem sequer sentem mais a necessidade dessa separação; muitas correntes da cultura feminista afirmam o prazer da conexão entre o humano e outras criaturas vivas. Os movimentos em favor dos direitos dos animais não constituem negações irracionais da singularidade humana: eles são um lúcido reconhecimento das conexões que contribuem para diminuir a distância entre a natureza e a cultura. Ao longo dos últimos dois séculos, a biologia e a teoria da evolução têm produzido os organismos modernos como objetos de conhecimento, reduzindo, simultaneamente, a linha de separação entre os humanos e os animais a um pálido vestígio, o qual se expressa na luta ideológica ou nas disputas profissionais entre as ciências da vida e as ciências sociais. Nesse contexto, o ensino do moderno criacionismo cristão deve ser combatido como uma forma de abuso sexual contra as crianças.

A ideologia biológico-determinista não é a única posição disponível na cultura científica que permite que se argumente em favor da animalidade humana. Há um grande espaço para que as pessoas com ideias políticas críticas contestem o significado da fronteira assim rompida.[3] O ciborgue aparece como mito precisamente onde a fronteira entre o humano e o animal é transgredida. Longe de assinalar uma barreira entre as pessoas e os outros seres vivos, os ciborgues assinalam um perturbador e prazerosamente estreito acoplamento entre eles. A animalidade adquire um novo significado nesse ciclo de troca matrimonial.

A segunda distinção sujeita a vazamentos é aquela entre o animal-humano (organismo), de um lado e a máquina, de outro. As máquinas pré-cibernéticas podiam ser vistas como habitadas por um espírito: havia sempre o espectro do fantasma na máquina. Esse dualismo estruturou a disputa entre o materialismo e o idealismo, a qual foi resolvida por um rebento dialético que foi chamado, dependendo do gosto, de espírito ou de história. Mas, basicamente, nessa perspectiva, as máquinas não eram vistas como tendo movimento próprio, como se autoconstruindo, como sendo autônomas. Elas não podiam realizar o sonho do homem; só podiam arremedá-lo. Elas não eram o homem, um autor para si próprio, mas apenas uma caricatura daquele sonho reprodutivo masculinista. Pensar que elas podiam ser outra coisa era uma paranoia. Agora já não estamos assim tão seguros. As máquinas do final do século XX tornaram completamente ambígua a diferença entre o natural e o artificial, entre a mente e o corpo, entre aquilo que se autocria e aquilo que é externamente criado, podendo-se dizer o mesmo de muitas outras distinções que se costumavam aplicar aos organismos e às máquinas. Nossas máquinas são perturbadoramente vivas e nós mesmos assustadoramente inertes.

A determinação tecnológica não é o único espaço ideológico aberto pelas reconceptualizações que veem a máquina e o organismo como textos codificados, textos por meio dos quais nos engajamos no jogo de escrever e ler o mundo.[4] A "textualização" de tudo, na teoria pós-estruturalista e na teoria pós-modernista, tem sido condenada pelos marxistas e pelas feministas socialistas, que desconfiam do desprezo utópico que essas teorias devotam às relações de dominação vividas, desprezo que está na base do "jogo" da leitura arbitrária por elas postulada.[5] É certamente verdadeiro que as estratégias pós-modernistas, tal como o meu mito do ciborgue, subvertem uma quantidade imensa de totalidades orgânicas (por exemplo, o poema, a cultura primitiva, o organismo biológico). Em suma, a certeza daquilo que conta como natureza – uma fonte de *insight* e uma promessa de inocência – é abalada, provavelmente de forma fatal. Perde-se a autoria/autoridade transcendente da interpretação e com ela a ontologia que fundamentava a epistemologia "ocidental". Mas a alternativa não é o cinismo ou a falta de fé, isto é, alguma versão de uma existência abstrata, como as teorias do determinismo tecnológico, que substituem o "homem" pela "máquina" ou a "ação política significativa" pelo "texto". Saber o que os ciborgues serão é uma questão radical; respondê-la é uma questão de sobrevivência. Tanto os chimpanzés quanto os artefatos têm uma política. Por que não a teríamos nós? (de Waal, 1982; Winner, 1980).

A terceira distinção é um subconjunto da segunda: a fronteira entre o físico e o não físico é muito imprecisa para nós. Os livros populares de Física que se centralizam nas consequências da teoria quântica e no princípio da indeterminação são uma espécie de equivalente científico popular da literatura cor-de-rosa dos romances baratos, servindo como marcadores de uma mudança radical na heterossexualidade branca americana: eles erram na interpretação, mas acertam no problema. Os dispositivos microeletrônicos são, tipicamente, as máquinas modernas: eles estão em toda parte e são invisíveis. A maquinaria moderna é um deus irreverente e ascendente, arremedando a ubiquidade e a espiritualidade do Pai. O *chip* de silício é uma superfície de escrita; ele está esculpido em escalas moleculares, sendo perturbado apenas pelo ruído atômico – a interferência suprema nas partituras nucleares. A escrita, o poder e a tecnologia são velhos parceiros nas narrativas de origem da civilização, típicas do Ocidente, mas a miniaturização mudou nossa percepção sobre a tecnologia. A miniaturização acaba significando poder; o pequeno *não* é belo: tal como ocorre com os mísseis ele é, sobretudo, perigoso. Contrastem os aparelhos de TV dos anos 1950 ou as câmeras dos anos 1970 com as TVs de pulso ou com as câmeras de vídeo que cabem na palma da mão. Nossas melhores máquinas são feitas de raios de sol; elas são, todas, leves e limpas porque não passam de sinais, de ondas eletromagnéticas, de uma secção do espectro. Além disso, essas máquinas são eminentemente portáteis, móveis – um fragmento da imensa dor humana que é infligida cotidianamente em Detroit ou Cingapura. As pessoas estão longe de serem assim tão fluidas, pois elas são, ao mesmo tempo, materiais e opacas. Os ciborgues, em troca, são éter, quintessência.

É precisamente a ubiquidade e a invisibilidade dos ciborgues que faz com que essas minúsculas e leves máquinas sejam tão mortais. Eles são – tanto política quanto materialmente – difíceis de ver. Eles têm a ver com a consciência – ou com sua simulação.[6] Eles são significantes flutuantes, movimentando-se em caminhões[7] através da Europa: eles só podem ser bloqueados pelas bruxarias daquelas que são capazes de interpretar as redes ciborguianas de poder – as deslocadas e pouco naturais mulheres de Greenham[8] – e não pelos velhos sindicalistas militantes das políticas masculinistas cujos clientes naturais dependem dos empregos da indústria militar. Em última instância, a ciência "mais dura" tem a ver com o domínio da maior confusão de fronteiras – o domínio do número puro, do espírito puro, o C^3I, a criptografia e a preservação de poderosos segredos. As novas máquinas são tão limpas e leves! Seus engenheiros são adoradores do sol, mediadores de uma nova revolução científica, uma revolução associada com o sonho noturno da sociedade pós-industrial. As doenças evocadas por essas máquinas limpas "não passam" de minúsculas mudanças no código de um antígeno do sistema imunológico, "não passam" da experiência do estresse. Os ágeis dedos das mulheres "orientais"; a antiga fascinação das garotas vitorianas anglo-saxãs por casas de bonecas; a atenção – imposta – das mulheres para com a miniatura – tudo isso adquire novas dimensões nesse mundo. Talvez exista uma Alice-ciborgue tomando nota dessas novas dimensões. Ironicamente, talvez sejam as unidades políticas construídas pelas mulheres-ciborgue, não naturais, que estão fabricando chips na Ásia e dançando em espiral[9] na prisão de Santa Rita, que poderão servir de orientação para eficazes estratégias oposicionistas.

Assim, meu mito do ciborgue significa fronteiras transgredidas, potentes fusões e perigosas possibilidades

– elementos que as pessoas progressistas podem explorar como um dos componentes de um necessário trabalho político. Uma de minhas premissas afirma que as socialistas e as feministas estadunidenses, em sua maioria, veem profundos dualismos entre mente e corpo, entre animal e máquina, entre idealismo e materialismo nas práticas sociais, nas formações simbólicas e nos artefatos físicos associados com a "alta tecnologia" e com a cultura científica. Do livro *One-Dimensional Man* (Marcuse, 1964) ao livro *The Death of Nature* (Merchant, 1980), os recursos analíticos desenvolvidos pelas pessoas progressistas insistem no argumento de que a técnica envolve, *necessariamente,* dominação; como resposta, elas apelam em favor de um imaginário corpo orgânico que possa organizar nossa resistência. Outra das minhas premissas afirma que a necessidade de uma unidade entre as pessoas que estão tentando resistir à intensificação mundial da dominação nunca foi tão urgente. Mas uma mudança ligeiramente perversa de perspectiva pode nos capacitar, de uma forma melhor, para a luta por outros significados, bem como para outras formas de poder e prazer em sociedades tecnologicamente mediadas.

De uma certa perspectiva, um mundo de ciborgues significa a imposição final de uma grade de controle sobre o planeta; significa a abstração final corporificada no apocalipse da Guerra nas Estrelas – uma guerra travada em nome da defesa; significa a apropriação final dos corpos das mulheres numa orgia guerreira masculinista (Sofia, 1984). De uma outra perspectiva, um mundo de ciborgues pode significar realidades sociais e corporais vividas, nas quais as pessoas não temam sua estreita afinidade com animais e máquinas, que não temam identidades permanentemente parciais e posições contraditórias. A luta política consiste em ver a partir de ambas as perspectivas ao mesmo tempo, porque cada uma delas revela tanto dominações quanto possibilidades que seriam inimagináveis a partir do outro ponto de vista. Uma visão única produz ilusões piores do que uma visão dupla ou do que a visão de um monstro de múltiplas cabeças. As unidades ciborguianas são monstruosas e ilegítimas: em nossas presentes circunstâncias políticas, dificilmente podemos esperar ter mitos mais potentes de resistência e reacoplamento. Gosto de imaginar o LAG, o Grupo de Ação de Livermore, como uma espécie de sociedade ciborguiana, dedicada a transformar, de forma realista, os laboratórios que mais ferozmente corporificam e espalham os instrumentos do apocalipse tecnológico – uma sociedade comprometida com a construção de uma formação política que realmente consiga juntar – o tempo suficiente para desarmar o estado – bruxas, engenheiros, anciões, pervertidos, cristãos, mães e leninistas. Fissão Impossível é o nome do grupo de afinidade política em minha cidade. (Afinidade: aparentado não por sangue mas por escolha; a substituição de um grupo nuclear químico por outro: avidez por afinidade).[10]

Identidades fraturadas

Tem-se tornado difícil nomear nosso feminismo por um único adjetivo – ou até mesmo insistir na utilização desse nome, sob qualquer circunstância. A consciência da exclusão que é produzida por meio do ato de nomeação é aguda. As identidades parecem contraditórias, parciais e estratégicas. Depois do reconhecimento, arduamente conquistado, de que o gênero, a raça e a classe são social e historicamente constituídos, esses elementos não podem mais formar a base da crença em uma unidade "essencial". Não existe nada no fato de ser "mulher" que naturalmente una as mulheres. Não existe nem mesmo uma tal situação – "ser" mulher. Trata-se, ela própria, de uma categoria altamente complexa, construída por meio de discursos científicos sexuais e de outras práticas sociais questionáveis. A consciência de classe, de raça ou de gênero é uma conquista que nos foi imposta pela terrível experiência histórica das realidades sociais contraditórias do capitalismo, do colonialismo e do patriarcado. E quem é esse "nós" que é enunciado em minha própria retórica? Quais são as identidades que fundamentam esse mito político tão potente chamado "nós" e o que pode motivar o nosso envolvimento nessa comunidade? A existência de uma dolorosa fragmentação entre as feministas (para não dizer "entre as mulheres"), ao longo de cada fissura possível, tem feito com que o conceito de *mulher* se torne escorregadio: ele acaba funcionando como uma desculpa para a matriz das dominações que as mulheres exercem umas sobre as outras. Para mim – e para muitas outras mulheres que partilham de uma localização histórica similar (corpos brancos, de classe média profissional, femininos, de esquerda, estadunidense, de meia-idade) – as fontes dessa crise de identidade política são incontáveis. A história recente de grande parte da esquerda e do feminismo estadunidense tem sido construída a partir das respostas a esse tipo de crise – respostas que são dadas por meio de infindáveis cisões e de buscas por uma nova unidade essencial. Mas existe também um reconhecimento crescente de uma outra resposta: aquela que se dá por meio da coalizão – a afinidade em vez da identidade.[11]

Chela Sandoval ([s.d.], 1984) discute, a partir da história da formação da nova voz política representada pelas mulheres de cor,[12] um novo modelo de identidade política que ela chama de "consciência de oposição". Esse modelo baseia-se naquela capacidade de analisar as redes de poder que já foi demonstrada por aquelas pessoas às quais foi negada a participação nas categorias sociais da raça, do sexo ou da classe. A identidade "mulheres de cor" – um nome contestado em suas origens por aquelas pessoas que ele deveria incorporar – produz não apenas uma consciência histórica que assinala o colapso sistemático de todos os signos de Homem nas tradições "ocidentais", mas também, a partir da outridade, da diferença e da especificidade, uma espécie de identidade pós-modernista. Independentemente do que possa ser dito sobre outros possíveis pós-modernismos, essa identidade pós-modernista é plenamente política. A "consciência de oposição" de Sandoval tem a ver com localizações contraditórias e calendários heterocrônicos e não com relativismos e pluralismos.

Sandoval enfatiza que não existe nenhum critério essencialista que permita identificar quem é uma mulher de cor. Ela observa que a definição desse grupo tem sido feita por meio de uma consciente apropriação da negação. Por exemplo, uma chicana ou uma mulher estadunidense negra não pode falar como uma mulher (em geral) ou como uma pessoa negra ou como um chicano. Assim, ela está no degrau mais baixo de uma hierarquia de identidades negativas, excluída até mesmo daquelas categorias oprimidas privilegiadas constituídas por "mulheres e negros", categorias que reivindicam o feito de terem realizado importantes revoluções. A categoria "mulher" nega todas as mulheres não brancas; a categoria "negro" nega todas as pessoas não negras, bem como todas as mulheres negras. Mas tampouco existe qualquer coisa que se possa chamar de "ela", tampouco existe qualquer singularidade; o que existe é um mar de diferenças entre os diversos grupos de mulheres estadunidenses que têm afirmado sua identidade histórica como mulheres estadunidenses de cor. Essa identidade assinala um espaço construído de forma autoconsciente. Sua capacidade de ação não pode ter como base qualquer identificação supostamente natural: sua base é a coalizão consciente, a afinidade, o parentesco político.[13] Diferentemente da identidade "mulher" de algumas correntes do movimento das mulheres brancas estadunidenses, não existe, aqui, qualquer naturalização de uma suposta matriz identitária: essa identidade é o produto do poder da consciência de oposição.

O argumento de Sandoval advém de um feminismo que incorpora o discurso anticolonialista, isto é, um discurso que dissolve o "Ocidente" e seu produto supremo – o Homem, ou seja, aquele ser que não é animal, bárbaro ou mulher, aquele ser que é o autor de um cosmo chamado história. À medida que o orientalismo é política e semioticamente desconstruído, as identidades do Ocidente – incluindo as das feministas – são desestabilizadas.[14] Sandoval argumenta que as "mulheres de cor" têm a chance de construir uma eficaz unidade política que não reproduza os sujeitos revolucionários imperializantes e totalizantes dos marxismos e feminismos anteriores – movimentos teóricos e políticos que têm sido incapazes de responder às consequências da desordenada polifonia surgida do processo de descolonização.

Katie King, por sua vez, tem discutido os limites do processo de identificação e da estratégia político-poética da construção de identidade que faz parte do ato de ler o "poema", esse núcleo gerador do feminismo cultural. King critica a persistente tendência, entre as feministas contemporâneas de diferentes "momentos" ou "versões" da prática feminista, a taxonomizar o movimento das mulheres, tendência que faz com que as nossas próprias tendências políticas pareçam ser o *telos* da totalidade. Essas taxonomias tendem a refazer a história feminista, de modo que essa história pareça ser uma luta ideológica entre categorias coerentes e temporalmente contínuas – especialmente entre aquelas unidades típicas conhecidas como feminismo radical, feminismo liberal e feminismo socialista-feminista. Todos os outros feminismos ou são incorporados ou são marginalizados, em geral por meio da construção de uma ontologia e de uma epistemologia explícitas.[15] As taxonomias do feminismo produzem epistemologias que acabam por policiar qualquer posição que se desvie da experiência oficial das mulheres. Obviamente, a "cultura das mulheres", tal como a cultura das mulheres de cor, é criada, de forma consciente, pelos mecanismos que estimulam a afinidade, destacando-se os rituais da poesia, da música e de certas formas de prática acadêmica. A política da raça e a política da cultura estão, nos movimentos das mulheres dos Estados Unidos, estreitamente interligadas. Aprender como forjar uma unidade poético-política que não reproduza uma lógica da apropriação, da incorporação e da identificação taxonômica – esta é a contribuição de King e de Sandoval.

A luta teórica e prática contra a unidade-por-meio-da--dominação ou contra a unidade-por-meio-da-incorporação implode, ironicamente, não apenas as justificações para o patriarcado, o colonialismo, o humanismo, o positivismo, o essencialismo, o cientificismo e outros "ismos", mas também *todos* os apelos em favor de um estado orgânico ou natural. Penso que os feminismos radicais e socialistas-marxistas têm implodido também suas/nossas próprias estratégias epistemológicas e que isso constitui um passo valioso para se imaginar possíveis unidades políticas. Resta saber se existe alguma "epistemologia", no sentido ocidental, que possa nos ajudar na tarefa de construir afinidades eficazes.

É importante observar que no esforço para se construir posições revolucionárias, as epistemologias – enquanto conquistas das pessoas comprometidas com a mudança do mundo – têm feito parte do processo de demonstração dos limites da construção de identidade. As corrosivas ferramentas da teoria pós-modernista e as construtivas ferramentas do discurso ontológico sobre sujeitos revolucionários parecem constituir aliados irônicos na dissolução dos eus ocidentais, uma dissolução que se dá no interesse da sobrevivência. Estamos dolorosamente conscientes do que significa ter um corpo historicamente constituído. Mas com a perda da inocência sobre nossa origem, tampouco existe qualquer expulsão do Jardim do Éden. Nossa política perde o consolo da culpa juntamente com a *naiveté* da inocência. Mas, sob que outra forma se apresentaria um mito político para o feminismo socialista? Que tipo de política poderia adotar construções parciais, contraditórias, permanentemente abertas, dos eus pessoais e coletivos e, ainda assim, ser fiel, eficaz e, ironicamente, feminista-socialista?

Não conheço nenhuma outra época na história na qual tenha havido uma maior necessidade de unidade política, a fim de enfrentar, de forma eficaz, as dominações de "raça", de "gênero", de "sexualidade" e de "classe". Tampouco conheço qualquer outra época na qual o tipo de unidade que nós podemos ajudar a construir tenha sido possível. Nenhuma de "nós" tem mais a capacidade material para ditar a "elas", a quaisquer delas, a forma que a realidade deve ter. Ou, no mínimo, "nós" não podemos alegar inocência na prática dessas dominações. As mulheres brancas, incluindo as feministas socialistas, descobriram a não inocência da categoria "mulher" (isto é, foram forçadas, aos pontapés e aos gritos, a se darem conta disso). Essa consciência muda a geografia de todas as categorias anteriores; ela as desnatura, da mesma forma que o calor desnatura uma proteína frágil. As feministas-ciborgue têm que argumentar que "nós" não queremos mais nenhuma matriz identitária natural e que nenhuma construção é uma totalidade. A inocência, bem como a consequente insistência na condição de vítima como a única base para a compreensão e a análise, já causou suficientes estragos. Mas o sujeito revolucionário construído deve dar às pessoas do século XX também algum descanso. Na refrega das identidades e nas estratégias reflexivas para construí-las, abre-se a possibilidade de se tecer algo mais do que a mortalha para o dia após o apocalipse, que tão profeticamente conclui a história da salvação.

Tanto os feminismos marxistas/socialistas quanto os feminismos radicais têm naturalizado e, simultaneamente, desnaturado a categoria "mulher" e a consciência das vidas sociais das "mulheres". Uma caricatura esquemática talvez possa esclarecer ambos os tipos de operações. O socialismo marxiano está enraizado em uma análise do trabalho assalariado que revela a estrutura de classes. A consequência da relação assalariada é a alienação sistemática, na medida em que o trabalhador (*sic*) é separado de seu produto. A abstração e a ilusão governam em questões de conhecimento; a dominação governa em questões de prática. O trabalho é a categoria privilegiada, permitindo que o marxista supere a ilusão e encontre aquele ponto de vista que é necessário para mudar o mundo. O trabalho é a atividade humanizante que faz o homem; o trabalho é uma categoria ontológica que possibilita o conhecimento do sujeito e, assim, o conhecimento da subjugação e da alienação.

Em uma fiel filiação, a aliança com as estratégias analíticas básicas do marxismo permitiu que o feminismo socialista avançasse. A principal conquista tanto dos feminismos marxistas quanto dos feminismos socialistas foi a de ampliar a categoria "trabalho" para acomodar aquilo que (algumas) mulheres faziam, mesmo quando a relação assalariada estava subordinada a uma visão mais abrangente do trabalho sob o patriarcado capitalista. Em particular, o trabalho das mulheres na casa e a atividade das mulheres, em geral, como mães (isto é, a reprodução no sentido socialista-feminista), foram introduzidos na teoria com base em uma analogia com o conceito marxiano de trabalho. A unidade das mulheres, aqui, repousa em uma epistemologia que se baseia na estrutura ontológica do "trabalho". O feminismo marxista/socialista não "naturaliza" a unidade; trata-se de uma possível conquista que se baseia em uma possível posição enraizada nas relações sociais. A operação essencializadora está na estrutura ontológica do trabalho ou na estrutura de seu análogo (a atividade das mulheres).[16] A herança do humanismo marxiano com seu eu eminentemente ocidental é o que, para mim, constitui a dificuldade. A contribuição dessas formulações está na ênfase da responsabilidade cotidiana de mulheres reais na construção de unidades e não em sua naturalização.

O feminismo radical de Catherine MacKinnon é uma caricatura das tendências apropriadoras, incorporadoras e totalizadoras das teorias ocidentais que veem na identidade o fundamento da ação.[17] É factual e politicamente errado assimilar toda a variedade das "perspectivas" ou toda a variedade dos "momentos" do chamado "feminismo radical" à versão apresentada por MacKinnon. A lógica teleológica de sua teoria mostra como uma epistemologia e uma ontologia – incluindo suas negações – anulam ou policiam a diferença. A reescrita da história do polimórfico campo chamado "feminismo radical" é apenas um dos efeitos da teoria de MacKinnon. O efeito principal é a produção de uma teoria da experiência e da identidade das mulheres que representa uma espécie de apocalipse para todas as perspectivas revolucionárias. Isto é, a totalização inerente a essa fábula do feminismo radical atinge sua finalidade – a unidade política das mulheres – ao impor a experiência do não-ser radical e seu testemunho. Para o feminismo marxista/socialista, a consciência é uma conquista e não um fato natural. A teoria de MacKinnon elimina, na verdade, algumas das dificuldades inerentes à concepção humanista do sujeito revolucionário, mas ao custo de um reducionismo radical.

MacKinnon argumenta que o feminismo adota, necessariamente, uma estratégia analítica diferente daquela do marxismo, olhando, em primeiro lugar, não para a estrutura de classes, mas para a estrutura de sexo/gênero e para a relação que a produz – a relação pela qual as mulheres são constituídas pelos homens e são sexualmente apropriadas por eles. Ironicamente, a ontologia de MacKinnon constrói um não-sujeito, um não-ser. O desejo de um outro e não o trabalho de produção do eu é a origem da "mulher". Ela desenvolve, portanto, uma teoria da consciência que impõe aquilo que conta como experiência das "mulheres" – qualquer coisa que nomeie a violação sexual; na verdade, no que diz respeito às mulheres, o próprio sexo. A prática feminista é, nessa perspectiva, a construção dessa forma de consciência; isto é, o autoconhecimento de um eu-que-não-é.

Perversamente, a apropriação sexual ainda tem, nesse feminismo, o *status* epistemológico do trabalho, isto é, o trabalho é o ponto a partir do qual uma análise capaz de contribuir para mudar o mundo deve fluir. Mas a objetificação sexual e não a alienação é a consequência da estrutura de sexo/gênero. No domínio do conhecimento, o resultado da objetificação sexual é a ilusão e a abstração. Entretanto, a mulher não é simplesmente alienada de seu produto: em um sentido profundo, ela não existe como sujeito, nem mesmo como sujeito potencial, uma vez que ela deve sua existência como mulher à apropriação sexual. Ser constituída pelo desejo de um outro não é a mesma coisa que ser alienada por meio da separação violenta do produto de seu próprio trabalho.

A teoria da experiência desenvolvida por MacKinnon é extremamente totalizadora. Ela não marginaliza a autoridade da fala e da ação política de qualquer outra mulher; ela as elimina. Trata-se de uma totalização que produz aquilo que o próprio patriarcado ocidental não conseguiu – o sentimento de que as mulheres não existem a não ser como produto do desejo dos homens. Penso que MacKinnon está correta ao argumentar que as teorias marxistas não podem fundamentar, de forma adequada, a unidade política das mulheres. Mas ao resolver, com propósitos feministas, o problema das contradições do sujeito revolucionário ocidental, ela desenvolve uma doutrina da experiência ainda mais autoritária. Eu questiono as perspectivas socialistas/marxianas por eliminarem, de forma *involuntária*, a diferença – visível no discurso e na prática anticoloniais – radical e polivocal, isto é, aquela diferença que não pode ser assimilada. Mas a eliminação *intencional* de toda diferença, por meio do artifício da não existência "essencial", é ainda mais problemática.

Em minha taxonomia, que como em qualquer outra, é uma reinscrição da história, o feminismo radical pode acomodar qualquer atividade feminina identificada pelas feministas socialistas como forma de trabalho apenas se essa atividade puder, de alguma forma, ser sexualizada. A reprodução tem diferentes conotações para as duas tendências – para uma, ela está enraizada no trabalho; para a outra, no sexo; ambas chamam as consequências da dominação e o desconhecimento da realidade social e pessoal de "falsa consciência".

Para além de quaisquer das dificuldades ou das contribuições do argumento de qualquer autora ou autor particular, nem as perspectivas marxistas nem as perspectivas feministas radicais têm se contentado com explicações parciais; ambas se constituíram regularmente como totalidades. As teorias feministas ocidentais não deixam por menos: de que outra maneira poderiam as autoras ocidentais incorporar aquelas que são suas outras? Cada uma delas tentou anexar outras formas de dominação, expandindo suas categorias básicas por meio de analogias, de simples listagens ou de acréscimos. Uma das principais e devastadoras consequências disso é a existência de um silêncio constrangedor, entre as radicais brancas e as feministas socialistas, sobre a questão da raça. A história e o polivocalismo desaparecem em meio às taxonomias políticas que tentam instituir genealogias. Não há nenhum espaço estrutural para a raça (ou para muita coisa mais) em teorias que pretendem apresentar a construção da categoria "mulher" e do grupo social "mulheres" como um todo unificado ou totalizável. A estrutura de minha caricatura ficaria assim:

Feminismo socialista:
estrutura de classe // trabalho assalariado // alienação
trabalho – por analogia: reprodução; por extensão: sexo;
por acréscimo: raça

Feminismo radical:
estrutura de gênero // apropriação sexual // objetificação
sexo – por analogia: trabalho; por extensão: reprodução;
por acréscimo: raça

A teórica francesa, Julia Kristeva, afirma, em outro contexto, que as mulheres surgiram como um grupo histórico após a Segunda Guerra Mundial, juntamente com outros grupos como, por exemplo, a juventude. Sua datas são duvidosas; mas estamos agora acostumados a lembrar que, como objetos de conhecimento e como atores históricos, a "raça" nem sempre existiu, a "classe" tem uma gênese histórica e os "homossexuais" são bastante recentes. Não é por acaso que o sistema simbólico da família do homem – e, portanto, a essência da mulher – entra em colapso no mesmo momento em que as redes de conexão entre as pessoas no planeta se tornam, de forma sem precedentes, múltiplas, pregnantes e complexas. O conceito de "capitalismo avançado" é inadequado para descrever a estrutura desse momento histórico. O que está em jogo, na conexão "ocidental", é o fim do homem. Não é por acaso que, em nosso tempo, a "mulher" se desintegra em "mulheres". É possível que as feministas socialistas não tenham sido substancialmente culpadas de produzir uma teoria essencialista que eliminou a particularidade das mulheres e os seus interesses contraditórios. Mas penso que temos sido culpadas, sim, no mínimo por nossa irrefletida participação na lógica, nas linguagens e nas práticas do humanismo branco e na nossa busca de um fundamento único para a dominação que assegurasse nossa voz revolucionária. Temos, agora, menos desculpas. Mas ao nos tornarmos conscientes de nossos fracassos, arriscamos cair em uma diferença ilimitada, desistindo da complicada tarefa de realizar conexões parciais, reais. Algumas diferenças são lúdicas; outras são polos de sistemas históricos mundiais de dominação. "Epistemologia" significa conhecer a diferença.

A informática da dominação

Nesta tentativa de desenvolver uma perspectiva epistemológica e política, gostaria de esboçar a imagem de uma possível unidade política, uma imagem que deve muito aos princípios socialistas e feministas de planejamento político. A moldura para minha imagem é determinada pela extensão e pela importância dos rearranjos das relações sociais, mundialmente, nas áreas de ciência e tecnologia. Em uma ordem mundial emergente, análoga, em sua novidade e abrangência, àquela criada pelo capitalismo industrial, argumento em favor de uma política enraizada nas demandas por mudanças fundamentais nas relações de classe, raça e gênero. Estamos em meio à mudança: de uma sociedade industrial, orgânica, para um sistema polimorfo, informacional; de uma situação de "só trabalho" para uma situação de "só lazer". Trata-se de um jogo mortal. Simultaneamente materiais e ideológicas, as dicotomias aí envolvidas podem ser expressas por meio do seguinte quadro, que resume a transição das velhas e confortáveis dominações hierárquicas para as novas e assustadoras redes que chamei de "informática da dominação":

Representação	Simulação
Romance burguês, realismo	Ficção científica, pós-modernismo
Organismo	Componente biótico
Profundidade, integridade	Superfície, fronteira
Calor	Ruído
Biologia como prática clínica	Biologia como inscrição

Fisiologia	Engenharia de comunicação
Pequeno grupo	Subsistema
Perfeição	Otimização
Eugenia	Controle populacional
Decadência, *Montanha mágica*	Obsolescência, *Choque do futuro*
Higiene	Administração do estresse
Microbiologia, tuberculose	Imunologia, aids
Divisão orgânica do trabalho	Ergonomia/cibernética do trabalho
Especialização funcional	Construção modular
Reprodução	Replicação
Especialização do papel social com base no sexo orgânico	Estratégias genéticas otimizadas
Determinismo biológico	Inércia evolucionária, restrições
Ecologia comunitária	Ecossistema
Cadeia racial do ser	Neoimperialismo, humanismo das Nações Unidas
Administração científica na casa/fábrica	Fábrica global/Trabalho feito em casa por meio das tecnologias eletrônicas
Família/Mercado/Fábrica	Mulheres no circuito integrado
Salário-família	Valor comparável
Público/Privado	Cidadania do tipo "ciborgue"
Natureza/Cultura	Campos de diferença
Cooperação	Reforço na comunicação
Freud	Lacan
Sexo	Engenharia genética
Trabalho	Robótica
Mente	Inteligência artificial
Segunda Guerra Mundial	Guerra nas Estrelas
Patriarcado capitalista branco	Informática da dominação

Essa lista sugere diversas coisas interessantes.[18] Em primeiro lugar, os objetos situados no lado direito não podem ser compreendidos como "naturais", o que nos impede de compreender como naturais também os objetos do lado esquerdo. Não podemos voltar ao passado – ideológica ou materialmente. Não se trata apenas de que "deus" está morto: a "deusa" também está. Ou, se quisermos, podemos vê-los, a ambos, como revivificados nos mundos das políticas microeletrônica e biotecnológica. Em relação a objetos tais como componentes bióticos, devemos pensar não em termos de propriedades essenciais, mas em termos de projeto, restrições de fronteira, taxas de fluxo, lógica de sistemas, custos para se reduzir as restrições. A reprodução sexual é um tipo, entre muitos, de estratégia reprodutiva, com custos e benefícios que são uma função do ambiente sistêmico. As ideologias da reprodução sexual não poderão mais, de forma razoável, apelar a concepções sobre sexo e sobre papéis sexuais, com o argumento de que constituiriam aspectos orgânicos de objetos naturais tais como organismos e famílias. Um tal raciocínio será desmascarado como sendo irracional: os executivos das grandes corporações que leem *Playboy* e as feministas radicais que são contra a pornografia formarão, ironicamente, um estranho par no desmascaramento conjunto do irracionalismo.

Tal como ocorre com a raça, as ideologias sobre a diversidade humana têm que ser formuladas em termos de frequências de parâmetros, tais como grupos sanguíneos ou resultados de testes de inteligência. É "irracional" invocar conceitos como "primitivo" e "civilizado". Para as liberais e as radicais, a busca de sistemas sociais integrados cede lugar a uma nova prática chamada "etnografia experimental", na qual um objeto orgânico desaparece como tal em resposta ao jogo lúdico da escrita. Em termos ideológicos, o racismo e o colonialismo expressam-se, agora, em uma linguagem que fala em desenvolvimento e subdesenvolvimento, em graus e níveis de modernização. Pode-se pensar qualquer objeto ou pessoa em termos de desmontagem e remontagem; não existe nenhuma arquitetura "natural" que determine como um sistema deva ser planejado. Os centros financeiros de todas as cidades do mundo, bem como as zonas de processamento de exportação e de livre comércio, proclamam este fato elementar do "capitalismo tardio": o universo inteiro dos objetos que podem ser cientificamente conhecidos deve ser formulado como um problema de engenharia de comunicação (para os administradores) ou como uma teoria do texto (para aqueles que possam oferecer resistência). Trata-se, em ambos os casos, de semiologias ciborguianas.

As estratégias de controle irão se concentrar nas condições e nas interfaces de fronteira, bem como nas taxas de fluxo entre fronteiras, e não na suposta integridade de objetos supostamente naturais. A "integridade" ou a "sinceridade" do eu ocidental cede lugar a procedimentos decisórios e a sistemas especializados. Por exemplo, as estratégias de controle aplicadas às capacidades das mulheres para dar à luz a novos seres humanos serão desenvolvidas em uma linguagem que se expressará em termos de controle populacional e de maximização da realização de objetivos, concebendo-se esses últimos como um processo individual de tomada de decisão. As estratégias de controle serão formuladas em termos de taxas, custos de restrição, graus de liberdade. Os seres humanos, da mesma forma que qualquer outro componente ou subsistema, deverão ser situados em uma arquitetura de sistema cujos modos de operação básicos serão probabilísticos, estatísticos. Nenhum objeto, nenhum espaço, nenhum corpo é, em si, sagrado; qualquer componente pode entrar em uma relação de interface com qualquer outro desde que se possa construir o padrão e o código apropriados, que sejam capazes de processar sinais por meio de uma linguagem comum. A troca, nesse mundo, transcende à tradução universal efetuada pelos mercados capitalistas, tão bem analisada por Marx. Nesse universo, a patologia privilegiada, uma patologia que afeta todos os tipos de componentes, é o estresse – um colapso nas comunicações (Hogness, 1983). O ciborgue não está sujeito à biopolítica de Foucault; o ciborgue simula a política, uma característica que oferece um campo muito mais potente de atividades.

Esse tipo de análise de objetos científicos e culturais de conhecimento, surgidos historicamente a partir da Segunda Guerra Mundial, prepara-nos para perceber algumas importantes inadequações na teoria feminista, a qual se desenvolve como se os dualismos orgânicos e hierárquicos que ordenaram o discurso no "ocidente", desde Aristóteles, ainda governassem. Esses dualismos foram canibalizados ou, como diria Zoe Sofia (Sofoulis), eles foram "tecnodigeridos". As dicotomias entre mente e corpo, animal e humano, organismo e máquina, público e privado, natureza e cultura, homens e mulheres, primitivo e civilizado estão, todas, ideologicamente em questão. A situação real das mulheres é definida por sua integração/exploração em um sistema mundial de produção/reprodução e comunicação que se pode chamar de "informática da dominação". A casa, o local de trabalho, o mercado, a arena pública, o próprio corpo, todos esses locais podem ser dispersados e entrar em relações de interface, sob formas quase infinitas e polimórficas, com grandes consequências para as mulheres e outros grupos – consequências que são, elas próprias, muito diferentes para as diferentes pessoas, o que faz com que seja difícil imaginar fortes movimentos internacionais de oposição, embora eles sejam essenciais para a sobrevivência. Um dos caminhos importantes para se reconstruir a política feminista-socialista é por meio de uma teoria e de uma prática dirigidas para as relações sociais da ciência e da tecnologia, incluindo, de forma crucial, os sistemas de mito e de significado que estruturam nossas imaginações. O ciborgue é um tipo de eu – pessoal e coletivo – pós-moderno, um eu desmontado e remontado. Esse é o eu que as feministas devem codificar.

As tecnologias de comunicação e as biotecnologias são ferramentas cruciais no processo de remodelação de nossos corpos. Essas ferramentas corporificam e impõem novas relações sociais para as mulheres no mundo todo. As tecnologias e os discursos científicos podem ser parcialmente compreendidos como formalizações, isto é, como momentos congelados das fluidas interações sociais que as constituem, mas eles devem ser vistos também como instrumentos para a imposição de significados. A fronteira entre ferramenta e mito, instrumento e conceito, sistemas históricos de relações sociais e anatomias históricas dos corpos possíveis (incluindo objetos de conhecimento) é permeável. Na verdade, o mito e a ferramenta são mutuamente constituídos.

Além disso, as ciências da comunicação e as biologias modernas são construídas por uma operação comum – *a tradução do mundo em termos de um problema de codificação*, isto é, a busca de uma linguagem comum na qual toda a resistência ao controle instrumental desaparece e toda a heterogeneidade pode ser submetida à desmontagem, à remontagem, ao investimento e à troca.

Nas ciências da comunicação, podemos ver exemplos dessa tradução do mundo em termos de um problema de codificação nas teorias de sistema cibernéticas (sistemas controlados por meio de *feedback*) aplicadas à tecnologia telefônica, ao *design* de computadores, ao emprego de armas de guerra ou à construção e à manutenção de bases de dados. Em cada caso, a solução para as questões-chave repousa em uma teoria da linguagem e do controle; a operação-chave consiste em determinar as taxas, as direções e as probabilidades do fluxo de uma quantidade chamada informação. O mundo é subdividido por fronteiras diferencialmente permeáveis à informação. A informação é apenas aquele tipo de elemento quantificável (unidade, base da unidade) que permite uma tradução universal e, assim, um poder universal sem interferências, isto é, aquilo que se chama de "comunicação eficaz". A maior ameaça a esse poder é constituída pela interrupção da comunicação. Qualquer colapso do sistema é uma função do estresse. Os elementos fundamentais dessa tecnologia podem ser condensados na metáfora C^3I (comando-controle-comunicação-inteligência) – o símbolo dos militares para sua teoria de operações.

Nas biologias modernas, a tradução do mundo em termos de um problema de codificação pode ser ilustrada pela biologia molecular, pela ecologia, pela teoria evolucionária sociobiológica e pela imunobiologia. Nesses campos, o organismo é traduzido em termos de problemas de codificação genética e de leitura de códigos. A biotecnologia – uma tecnologia da escrita – orienta a pesquisa em geral.[19] Em um certo sentido, os organismos deixaram de existir como objetos de conhecimento, cedendo lugar a componentes bióticos, isto é, tipos especiais de dispositivos de processamento de informação. Veem-se mudanças análogas na ecologia ao se examinar a história e a utilidade do conceito de ecossistema. A imunobiologia e as práticas médicas que lhe são associadas constituem exemplos ricos do privilégio que os sistemas de codificação e de reconhecimento têm como objetos de conhecimento, como construções, por nós, de realidades corporais. A biologia é, nesse caso, uma espécie de criptografia. A pesquisa é necessariamente uma espécie de atividade de inteligência. As ironias abundam. Um sistema estressado fica enlouquecido; seus processos de comunicação entram em colapso; ele deixa de reconhecer a diferença entre o eu e o outro. Os corpos humanos com corações de babuínos provocam uma perplexidade ética nacional – tanto para os ativistas dos direitos dos animais quanto para os guardiões da pureza humana. Nos Estados Unidos, os homens gays e os usuários de drogas por via intravenosa são as vítimas privilegiadas de uma horrível doença do sistema imunológico que marca (inscreve no corpo) a confusão de fronteiras e a poluição moral (Treichler, 1987).

Mas essas incursões nas ciências da comunicação e na biologia têm sido feitas em um nível rarefeito; existe uma realidade mundana, em grande parte econômica, que sustenta minha afirmação de que essas ciências e essas tecnologias indicam, para nós, transformações fundamentais na estrutura do mundo. As tecnologias da comunicação dependem da eletrônica. Os estados modernos, as corporações multinacionais, o poder militar, os aparatos do estado de bem-estar, os sistemas de satélite, os processos políticos, a fabricação de nossas imaginações, os sistemas de controle do trabalho, as construções médicas de nossos corpos, a pornografia comercial, a divisão internacional do trabalho e o evangelismo religioso dependem, estreitamente, da eletrônica. A microeletrônica é a base técnica dos simulacros, isto é, de cópias sem originais.

A microeletrônica está no centro do processo que faz a tradução do trabalho em termos de robótica e de processamento de texto, do sexo em termos de engenharia genética e de tecnologias reprodutivas e da mente em termos de inteligência artificial e de procedimentos de decisão. As novas biotecnologias têm a ver com mais coisas do que simplesmente reprodução humana. Como uma poderosa ciência da engenharia para redesenhar materiais e processos, a biologia tem implicações revolucionárias para a indústria, talvez mais óbvias hoje em áreas como fermentação, agricultura e energia. As ciências da comunicação e a biologia caracterizam-se como construções de objetos tecnonaturais de conhecimento, nas quais a diferença entre máquina e organismo torna-se totalmente borrada; a mente, o corpo e o instrumento mantêm, entre si, uma relação de grande intimidade. A organização material "multinacional" da produção e reprodução da vida cotidiana, de um lado, e a organização simbólica da produção e reprodução da cultura e da imaginação, de outro, parecem estar igualmente implicadas nesse processo. As imagens que supõem uma manutenção das fronteiras entre a base e a superestrutura, o público e o privado ou o material e o ideal nunca pareceram tão frágeis.

Tenho utilizado o conceito – inventado por Rachel Grossman (1980) – de "mulheres no circuito integrado", para nomear a situação das mulheres em um mundo tão intimamente reestruturado por meio das relações sociais da ciência e da tecnologia.[20] Utilizei a circunlocução "as relações sociais da ciência e da tecnologia" para indicar que não estamos lidando com um determinismo tecnológico, mas com um sistema histórico que depende de relações estruturadas entre as pessoas. Mas a frase deveria também indicar que a ciência e a tecnologia fornecem fontes renovadas de poder, que nós precisamos de fontes renovadas de análise e de ação política (Latour, 1984). Alguns dos rearranjos das dinâmicas da raça, do sexo e da classe, enraizados nas relações sociais propiciadas pela cultura *high-tech*, podem tornar o feminismo socialista mais relevante para uma política progressista eficaz.

A "economia do trabalho caseiro" fora de "casa"

A "Nova Revolução Industrial" está produzindo uma nova classe trabalhadora mundial, bem como novas sexualidades e etnicidades. A extrema mobilidade do capital e a nova divisão internacional do trabalho estão interligadas com a emergência de novas coletividades e com o enfraquecimento dos agrupamentos familiares. Esses acontecimentos não são neutros em termos de gênero nem em termos de raça. Nas sociedades industriais avançadas, os homens brancos têm se tornado vulneráveis, de uma maneira nova, à perda permanente do emprego, enquanto as mulheres não têm perdido seus empregos na mesma proporção que os homens. Não se trata simplesmente do fato de que as mulheres dos países do Terceiro Mundo são a força de trabalho preferida das multinacionais dos setores de processamento de exportação, particularmente do setor eletrônico, cuja produção está baseada na ciência. O quadro é mais sistemático e envolve reprodução, sexualidade, cultura, consumo e produção. No paradigmático Silicon Valley, muitas mulheres têm suas vidas estruturadas em torno de empregos baseados na eletrônica e suas realidades íntimas incluem monogamia heterossexual em série, cuidado infantil negociado, distância da família ampliada ou da maior parte das formas tradicionais de comunidade, uma grande probabilidade de uma vida solitária e uma extrema vulnerabilidade econômica à medida que envelhecem. A diversidade étnica e racial das mulheres do Silicon Valley forma um microcosmo de diferenças conflitantes na cultura, na família, na religião, na educação e na linguagem.

Richard Gordon chamou essa nova situação de "economia do trabalho caseiro".[21] Embora ele inclua o fenômeno do trabalho caseiro propriamente dito, que está emergindo em conexão com a linha de montagem do setor eletrônico, Gordon quer nomear, com a expressão "economia do trabalho caseiro", uma reestruturação do trabalho que, de forma geral, tem as características anteriormente atribuídas a trabalhos femininos, trabalhos que são feitos, estritamente, por mulheres. O trabalho está sendo redefinido ao mesmo tempo como estritamente feminino e como feminizado, seja ele executado, nesse último caso, por homens, ou por mulheres. Ser feminizado significa: tornar-se extremamente vulnerável; capaz de ser desmontado, remontado, explorado como uma força de trabalho de reserva; que as pessoas envolvidas são vistas menos como trabalhadores/as e mais como servos/as; sujeito a arranjos do tempo em que a pessoa ora está empregada num trabalho assalariado ora não, num infeliz arremedo da ideia de redução do dia de trabalho; levar uma vida que sempre beira a ser obscena, deslocada e reduzível ao sexo. A desqualificação é uma velha estratégia aplicável, de forma renovada, a trabalhadores/as anteriormente privilegiados/as. Entretanto, o conceito de "economia do trabalho caseiro" não se refere apenas à desqualificação em larga escala, nem pretende negar que estão emergindo novas áreas de alta qualificação, inclusive para mulheres e homens anteriormente excluídos do emprego qualificado. Em vez disso, o conceito quer indicar que a fábrica, a casa e o mercado estão integrados em uma nova escala e que os lugares das mulheres são cruciais – e precisam ser analisados pelas diferenças existentes entre as mulheres e pelos significados das relações existentes entre homens e mulheres, em várias situações.

A economia do trabalho caseiro, considerada como uma estrutura organizacional capitalista mundial, torna-se possível por meio das novas tecnologias, embora não seja causada por ela. O êxito do ataque contra os empregos relativamente privilegiados dos trabalhadores masculinos sindicalizados – em grande parte brancos – está ligado à capacidade que têm as novas tecnologias de comunicação de integrar e controlar os trabalhadores, apesar de sua grande dispersão e descentralização. As consequências das novas tecnologias são sentidas pelas mulheres tanto na perda do salário-família (masculino) – quando elas chegaram a ter acesso a esse privilégio dos brancos – quanto no caráter de seus próprios empregos, os quais estão se tornando capital-intensivo como, por exemplo, no trabalho de escritório e na enfermagem.

Os novos arranjos econômicos e tecnológicos estão relacionados também à decadência do estado do bem-estar e à consequente intensificação da pressão sobre as mulheres para que assumam o sustento da vida cotidiana tanto para si próprias quanto para os homens, crianças e pessoas mais velhas. A feminização da pobreza – gerada pelo desmantelamento do estado de bem-estar, pela economia do trabalho caseiro, na qual empregos estáveis são a exceção, e sustentada pela expectativa de que os salários das mulheres não serão igualados aos salários masculinos – tornou-se um grande problema. O fato de que um número crescente de lares são chefiados por mulheres está relacionado à raça, à classe ou à sexualidade. A generalização desse processo deveria levar à construção de coalizões entre as mulheres, organizadas em torno de várias questões. O fato de que o sustento da vida cotidiana cabe às mulheres como parte de sua forçada condição de mães não é nenhuma novidade; o que é novidade é a integração de seu trabalho à economia capitalista global e a uma economia que progressivamente se torna centrada em torno da guerra. Por exemplo, nos Estados Unidos, a pressão sobre as mulheres negras que conseguiram fugir do serviço doméstico (mal) remunerado e que agora são, em grande número, empregadas em escritório ou similar tem grandes implicações para a pobreza persistente das pessoas negras *com* emprego. As mulheres adolescentes das áreas industrializadas do Terceiro Mundo veem-se crescentemente reduzidas à única ou principal fonte de renda para suas famílias, ao mesmo tempo que o acesso à terra é, mais do que nunca, problemático. Esses processos têm consequências importantes para a psicodinâmica e a política do gênero e da raça.

No quadro das três principais fases do capitalismo (comercial/industrial inicial, monopolista, multinacional) ligadas, respectivamente, ao nacionalismo, ao imperialismo e ao multinacionalismo e relacionadas, também respectivamente, aos três períodos estéticos dominantes de Jameson (realismo, modernismo e pós-modernismo), eu argumentaria que formas específicas de famílias relacionam-se dialeticamente com aquelas formas de capitalismo e com as correspondentes formas políticas e culturais mencionadas. Embora vividas de forma problemática e desigual, as formas ideais dessas famílias podem ser esquematizadas como: 1) a família nuclear patriarcal, estruturada pela dicotomia entre o público e o privado e acompanhada pela ideologia burguesa branca de separação entre a esfera pública e a privada e pelo feminismo burguês anglo-americano do século XIX; 2) a família moderna mediada (ou imposta) pelo estado de bem-estar e por instituições como o salário-família, com um florescimento de ideologias heterossexuais a-feministas, incluindo suas versões críticas desenvolvidas em Greenwich Village, em torno da Primeira Guerra Mundial; e 3) a "família" da economia do trabalho caseiro, caracterizada por sua contraditória estrutura de casas chefiadas por mulheres, pela explosão dos feminismos e pela paradoxal intensificação e erosão do próprio gênero.

Esse é o contexto no qual as projeções para o desemprego estrutural, como consequência das novas tecnologias, se tornam, mundialmente, parte do quadro da economia do trabalho doméstico. À medida que a robótica e as tecnologias que lhe são relacionadas expulsam os homens do emprego nos países "desenvolvidos" e tornam mais difícil gerar empregos masculinos nos países "em desenvolvimento" do Terceiro Mundo e à medida que o escritório automatizado se torna a regra mesmo em países com reserva de trabalhadores, a feminização do trabalho intensifica-se. As mulheres negras nos Estados Unidos sabem desde há muito tempo o que significa enfrentar o subemprego estrutural ("feminização") dos homens negros, bem como sua própria e altamente vulnerável posição na economia salarial. Não é mais um segredo que a sexualidade, a reprodução, a família e a vida em comunidade estão interligadas com essa estrutura econômica sob infinitas formas, contribuindo também para produzir diferenças entre a situação das mulheres brancas e a situação das mulheres negras. Um número maior de mulheres e homens ver-se-á frente a situações similares, o que fará com que alianças que atravessem o gênero e a raça, formadas em torno das questões ligadas à sustentação básica da vida (com ou sem empregos), se tornem necessárias e não apenas desejáveis.

As novas tecnologias têm também um efeito profundo sobre a fome e a produção de alimentos para a subsistência. Rae Lesser Blumberg (1983) calcula que as mulheres produzem 50 por cento da alimentação de subsistência do mundo.[22] As mulheres são, em geral, excluídas dos benefícios da crescente mercantilização *high-tech* dos alimentos e dos produtos agrícolas energéticos; seus dias se tornam mais árduos porque suas responsabilidades na preparação de alimento não diminuíram; e suas situações reprodutivas se tornam mais complexas. As tecnologias da Revolução Verde interagem com a produção industrial *high-tech* para alterar a divisão sexual do trabalho bem como para transformar os padrões de migração de acordo com o gênero.

As novas tecnologias parecem estar profundamente envolvidas naquelas formas de "privatização" analisadas por Ros Petchesky (1981), nas quais se combinam, de forma sinergética, o processo de militarização, as ideologias e as políticas públicas sobre questões de família, desenvolvidas pela direita, e as redefinições das concepções de propriedade (empresarial e estatal), a qual passa a ser vista como exclusivamente privada.[23] As novas tecnologias de comunicação são fundamentais para a erradicação da "vida pública" de todas as pessoas. Isso facilita o florescimento de uma instituição militar *high-tech* permanente, com prejuízos culturais e econômicos para a maioria das pessoas, mas especialmente para as mulheres. Tecnologias como videogames e aparelhos de televisão extremamente miniaturizados parecem cruciais para a produção de formas modernas de "vida privada". A cultura dos videogames é fortemente orientada para a competição individual e para a guerra espacial. Desenvolve-se, aqui, em conexão com a dinâmica de gênero, uma imaginação *high-tech*, uma imaginação que pode contemplar a possibilidade da destruição do planeta, permitindo, como se fosse uma ficção científica, que se escape às suas consequências. Muitas outras coisas, além de nossa imaginação, são militarizadas. E outras consequências da guerra eletrônica e nuclear são inescapáveis. São essas as tecnologias que prometem a mobilidade última e a troca perfeita, permitindo também, incidentalmente, que o turismo, essa prática perfeita de mobilidade e troca, apareça, se considerado isoladamente, como uma das maiores indústrias do mundo.

As novas tecnologias afetam as relações sociais tanto da sexualidade quanto da reprodução, e nem sempre da mesma forma. Os estreitos vínculos entre a sexualidade e a instrumentalidade – uma visão sobre o corpo que o concebe como uma espécie de máquina de maximização da satisfação e da utilidade privadas – são descritos de forma admirável, nas histórias sociobiológicas sobre origem que enfatizam o cálculo genético e descrevem a inevitável dialética da dominação entre os papéis sexuais feminino e masculino.[24] Essas histórias sociobiológicas baseiam-se em uma visão *high-tech* do corpo – uma visão que o concebe como um componente biótico ou como um sistema cibernético de comunicação. Uma das mais importantes transformações da situação reprodutiva das mulheres dá-se no campo médico, no qual as fronteiras de seus corpos se tornam permeáveis, de uma nova forma, à "visualização" e à "intervenção" das novas tecnologias. Obviamente, saber quem controla a interpretação das fronteiras corporais na hermenêutica médica é uma questão feminista importantíssima. O espéculo tornou-se, nos anos 1970, um símbolo da reivindicação das mulheres pela retomada do controle de seu corpo. No contexto das práticas de reprodução cibernéticas, esse instrumento artesanal parece inadequado para expressar a política do corpo necessária na negociação das novas realidades que aí surgem. A autoajuda não é suficiente. As tecnologias da visualização relembram a importante prática cultural de se caçar com a câmera, bem como a natureza profundamente predatória de uma consciência fotográfica.[25] O sexo, a sexualidade e a reprodução são atores centrais nos sistemas mitológicos *high-tech* que estruturam a nossa imaginação sobre nossas possibilidades pessoais e sociais.

Outro aspecto crítico das relações sociais envolvidas nas novas tecnologias é a reformulação das expectativas, da cultura, do trabalho e da reprodução da grande força de trabalho empregada nas indústrias técnicas e científicas. Um dos grandes riscos sociais e políticos é o constituído pela formação de uma estrutura social fortemente bimodal, na qual uma grande massa de mulheres e homens pertencentes aos grupos étnicos, e especialmente as pessoas de cor, ficam confinadas à economia do trabalho caseiro, aos diversos analfabetismos, à impotência e à redundância gerais e são controladas por aparatos repressivos *high-tech* que vão do entretenimento à vigilância e ao extermínio. Uma política socialista-feminista adequada deveria se dirigir às mulheres nas categorias ocupacionais privilegiadas e, particularmente, na produção daquela ciência e daquela tecnologia responsáveis pela construção dos discursos, dos processos e dos objetos tecnocientíficos.[26]

Essa questão é apenas um dos aspectos do estudo das possibilidades de uma ciência feminista, mas ela é extremamente importante. Que tipo de papel constitutivo na produção do conhecimento, da imaginação e da prática podem ter os novos grupos que estão fazendo ciência?

De que forma esses grupos podem se aliar com os movimentos sociais e políticos progressistas? Como se pode construir alianças políticas que reúnam as mulheres ao longo das hierarquias tecnocientíficas que nos separam? Haverá formas de se desenvolver uma política feminista de ciência e tecnologia, em aliança com os grupos de ação antimilitares que advogam uma conversão dos equipamentos científicos para fins pacíficos? Muitos trabalhadores e trabalhadoras técnicos e científicos do Silicon Valley, incluindo os *cowboys high-tech*, não querem trabalhar na ciência militar.[27] Será possível reunir essas preferências pessoais e essas tendências culturais em uma política progressista numa classe média profissional na qual as mulheres, incluindo as mulheres de cor, estão se tornando bastante numerosas?

As mulheres no circuito integrado

Deixem-me sintetizar o quadro da localização histórica das mulheres nas sociedades industriais avançadas, considerando que essas posições foram reestruturadas, em parte, por meio das relações sociais da ciência e da tecnologia. Se foi, alguma vez, possível caracterizar ideologicamente as vidas das mulheres por meio da distinção entre os domínios público e privado, uma distinção que era sugerida por imagens de uma vida operária dividida entre a fábrica e a casa; de uma vida burguesa dividida entre o mercado e a casa; de uma vida de gênero dividida entre os domínios pessoal e político, não é suficiente, agora, nem mesmo mostrar como ambos os termos dessas dicotomias se constroem mutuamente na prática e na teoria. Prefiro a imagem de uma rede ideológica – o que sugere uma profusão de espaços e identidades e a permeabilidade das fronteiras no corpo pessoal e no corpo político. A ideia de "rede" evoca tanto uma prática feminista quanto uma estratégia empresarial multinacional – tecer é uma atividade para ciborgues oposicionistas.

Deixem-me, pois, retornar a uma imagem anterior, a da informática da dominação, e esboçar uma visão do "lugar" das mulheres no circuito integrado, assinalando apenas umas poucas e idealizadas localizações sociais, vistas, primariamente, do ponto de vista das sociedades capitalistas avançadas: Casa, Mercado, Local de Trabalho Assalariado, Estado, Escola, Hospital-Clínica e Igreja. Cada um desses espaços idealizados está lógica e praticamente implicado em qualquer outro *locus*, talvez de forma análoga a uma fotografia holográfica. Gostaria de invocar o impacto das relações sociais que são mediadas e impostas pelas novas tecnologias, a fim de ajudar a formular uma análise e um trabalho prático que são extremamente necessários. Entretanto, não há nenhum "lugar" para as mulheres nessas redes, apenas uma geometria da diferença e da contradição, crucial às identidades ciborguianas das mulheres. Se aprendermos a interpretar essas redes de poder e de vida social, poderemos construir novas alianças e novas coalizões. Não há como ler a seguinte lista a partir de uma perspectiva identitária, a partir da perspectiva de um eu unitário. O importante é a dispersão. A tarefa consiste em sobreviver na diáspora.

Casa: lares chefiados por mulheres; monogamia em série; fuga dos homens; mulheres de idade vivendo sozinhas; tecnologia do trabalho doméstico; trabalho de casa remunerado; reemergência da indústria do trabalho pouco qualificado, feito em casa; empresas e serviços de comunicação sediados em casa; indústria eletrônica caseira; sem-teto urbanos; migração; arquitetura modular; família nuclear reforçada (de forma simulada); violência doméstica intensa.

Mercado: persistência do trabalho de consumo das mulheres, alvos renovados do estímulo a comprar grande quantidade de novas produções das novas tecnologias (especialmente à medida que a competição entre as nações industrializadas e as nações em vias de industrialização, para evitar o desemprego em massa, precisa encontrar novos e cada vez maiores mercados para mercadorias de necessidade cada vez menos clara); poder de compra bimodal, combinado com uma publicidade que se dirige aos numerosos grupos afluentes e negligencia os mercados de massa de períodos anteriores; importância crescente do mercado informal de trabalho e do mercado informal de bens, os quais coexistem com as estruturas de mercado afluentes, *high-tech*; sistemas de vigilância por meio da transferência eletrônica de dinheiro; intensificação da abstração mercantil (mercantilização) da experiência, resultando em teorias de comunidade utópicas ineficazes ou, equivalentemente, em teorias cínicas; mobilidade extrema (abstração) dos sistemas de mercantilização/financiamento; interpenetração entre o mercado sexual e o mercado laboral; sexualização intensificada do consumo abstrato e alienado.

Local de trabalho remunerado: persistência e intensificação da divisão racial e sexual do trabalho, mas considerável crescimento da entrada em categorias ocupacionais privilegiadas para muitas mulheres brancas e pessoas de cor; impacto das novas tecnologias sobre o trabalho das mulheres no setor de serviço, no trabalho de escritório, na manufatura (especialmente nos setores têxteis), na agricultura e na eletrônica; reestruturação internacional das classes operárias; desenvolvimento de novos arranjos de tempo para facilitar a economia do trabalho doméstico (tempo flexível, tempo parcial, tempo extra, nenhum tempo); trabalho feito em casa e trabalho terceirizado; pressão crescente por estruturas salariais dualizadas; número significativo de assalariados, no mundo todo, que não têm nenhuma experiência ou mais nenhuma esperança de um emprego estável; uma maioria da força de trabalho que se torna "marginal" ou "feminizada".

Estado: continuidade da erosão do estado de bem-estar; processos de descentralização juntamente com uma vigilância e um controle crescentes; cidadania exercida por meio da telemática; imperialismo e, em geral, poder político, baseado na diferença entre quem é rico e quem é pobre em termos de informação; uma crescente militarização *high-tech*, contraposta a uma crescente oposição por parte de muitos grupos sociais; redução dos empregos no funcionalismo público, como resultado do fato de que o trabalho de escritório está se tornando, de forma crescente, capital-intensivo, com implicações para a mobilidade ocupacional das mulheres de cor; crescente privatização da vida e da cultura material e ideológica; estreita integração entre a privatização e a militarização – as formas *high-tech* de vida pública e pessoal capitalista burguesa; invisibilidade mútua entre os diferentes grupos sociais, ligada a mecanismos psicológicos de crença em inimigos abstratos.

Escola: vínculos aprofundados entre as necessidades do capital *high-tech* e a educação pública em todos os níveis, diferenciados por raça, classe e gênero; as classes executivas envolvidas na reforma educacional e no refinanciamento, às custas das remanescentes estruturas educacionais democráticas e progressistas para as crianças e os/as professores/as; educação para a ignorância em massa e a repressão, em uma cultura militarizada e tecnocrática; crescimento dos cultos místicos anticientíficos em movimentos dissidentes e políticos radicais; persistência de um relativo analfabetismo científico entre mulheres brancas e pessoas de cor; crescente orientação industrial da educação (especialmente a educação superior), sob a liderança das multinacionais da produção baseada na ciência (particularmente as companhias que dependem da biotecnologia e da eletrônica); elites altamente educadas e numerosas, em uma sociedade progressivamente bimodal.

Clínica-hospital: intensificação das relações máquina-corpo; renegociações das metáforas públicas que expressam a experiência pessoal do corpo, particularmente em relação à reprodução, às funções do sistema imunológico e aos fenômenos de estresse; intensificação da política reprodutiva, em resposta às implicações históricas mundiais do controle potencial, mas irrealizado, das mulheres sobre sua relação com a reprodução; emergência de doenças novas, historicamente específicas; lutas em torno dos significados e dos meios da saúde em ambientes permeados por produtos e processos de alta tecnologia; continuidade da feminização do trabalho em saúde; intensificação da luta em torno da responsabilidade do estado pela saúde; persistência do papel ideológico dos movimentos populares de saúde, como uma forma importante de política nos Estados Unidos.

Igreja: pregadores "supersalvadores" e fundamentalistas eletrônicos que celebram a união do capital eletrônico com deuses-fetiche automatizados; intensificação da importância das igrejas na resistência ao estado militar; luta central em torno dos significados e da autoridade na religião; persistência da relevância da espiritualidade, interligada com o sexo e a saúde, na luta política.

A única forma de caracterizar a informática da dominação é vê-la como uma intensificação massiva da insegurança e do empobrecimento cultural, com um fracasso generalizado das redes de subsistência para os mais vulneráveis. Uma vez que grande parte desse quadro está conectado com as relações sociais da ciência e da tecnologia, é óbvia a urgência de uma política socialista-feminista dirigida para a ciência e a tecnologia. Há muita coisa sendo feita e as bases para um trabalho político são muito ricas. Um exemplo do desenvolvimento de formas de luta coletiva para as mulheres envolvidas em trabalho assalariado é o das empregadas ligadas à secção 925 do Sindicato Internacional dos Empregados no Setor de Serviços. Essas formas de luta estão profundamente ligadas à reestruturação técnica dos processos de trabalho e às modificações das classes trabalhadoras. Essas lutas estão também propiciando uma compreensão mais abrangente da organização do trabalho, incluindo questões como a comunidade, a sexualidade e a família, questões que não eram privilegiadas nos sindicatos industriais dominados, em grande parte, por pessoas brancas do sexo masculino.

Os rearranjos estruturais ligados às relações sociais da ciência e da tecnologia apresentam uma forte ambivalência. Mas não é necessário desesperar-se com as implicações das relações das mulheres do final do século XX com o trabalho, a cultura, a produção de conhecimento, a sexualidade e a reprodução. Por excelentes razões, os marxismos veem melhor a dominação, mas têm dificuldades em compreender a falsa consciência e a cumplicidade das pessoas no processo de sua própria dominação, no capitalismo tardio. É importante lembrar que o que se perde, com esses rearranjos, especialmente do ponto de vista das mulheres, está, com frequência, ligado a formas virulentas de opressão, as quais, em face da violência existente, são nostalgicamente naturalizadas. A ambivalência para com as unidades rompidas por meio das culturas *high-tech* exige que não classifiquemos a consciência entre, de um lado, uma "crítica lúcida, como fundamento de uma sólida epistemologia política" e, de outro, uma "consciência falsa e manipulada", mas que tenhamos uma sutil compreensão dos prazeres, das experiências e dos poderes emergentes, os quais apresentam um forte potencial para mudar as regras do jogo.

Há razões para esperança, quando se consideram as bases que surgem para novos tipos de unidade política que atravessem a raça, o gênero e a classe, à medida que esses elementos centrais da análise socialista-feminista passam, eles próprios, por múltiplas transformações. Não são poucas as dificuldades experimentadas na interação com as relações sociais da ciência e da tecnologia. Mas o que estamos vivendo não é transparentemente claro e nos faltam conexões suficientemente sutis para construir, de forma coletiva, teorias sobre a experiência que tenham alguma eficácia. Os presentes esforços – marxistas, psicanalíticos, feministas, antropológicos – para clarificar já não digo a experiência dos "outros", mas a "nossa" própria experiência, são rudimentares.

Estou consciente da estranha perspectiva propiciada por minha posição histórica – um doutorado em Biologia para uma moça irlandesa católica tornou-se possível por causa do impacto do Sputnik na política de educação científica dos Estados Unidos. Tenho um corpo e uma mente construídos tanto pela corrida armamentista e pela guerra fria que se seguiram à Segunda Guerra Mundial quanto pelos movimentos das mulheres. Há mais razões para a esperança quando consideramos os efeitos contraditórios das políticas dirigidas a produzir tecnocratas estadunidenses leais – as quais também produzem um grande número de dissidentes – do que quando nos concentramos nas derrotas atuais.

A parcialidade permanente dos pontos de vista feministas tem consequências para nossas expectativas relativamente a formas de organização e participação políticas. Para trabalhar direito, não temos necessidade de uma totalidade. O sonho feminista sobre uma linguagem comum, como todos os sonhos sobre uma linguagem que seja perfeitamente verdadeira, sobre uma nomeação perfeitamente fiel da experiência, é um sonho totalizante e imperialista. Nesse sentido, em sua ânsia por resolver a contradição, também a dialética é uma linguagem de sonho. Talvez possamos, ironicamente, aprender, a partir de nossas fusões com animais e máquinas, como não ser o Homem, essa corporificação do logos ocidental. Do ponto de vista do prazer que se tem nessas potentes e interditadas fusões, tornadas inevitáveis pelas relações sociais da ciência e da tecnologia, talvez possa haver, de fato, uma ciência feminista.

Ciborgues: um mito de identidade política

Quero concluir com um mito sobre identidades e sobre fronteiras, o qual pode inspirar as imaginações políticas do final do século XX. Sou devedora, nessa história, a escritoras e escritores como Joanna Russ, Samuel R. Delany, John Varley, James Tiptree Jr. [pseudônimo de Alice Sheldon], Octavia Butler, Monique Wittig e Vonda McIntyre, que são nossos/as contadores/as de histórias, explorando o que significa – em mundos *high-tech* – ser corporificado.[28] São os/as teóricos/as dos ciborgues. Ao explorar concepções sobre fronteiras corporais e ordem social, a antropóloga Mary Douglas (1966, 1970) ajuda-nos a ter consciência sobre quão fundamental é a imagística corporal para a visão de mundo e, dessa forma, para a linguagem política. As feministas francesas, como Luce Irigaray e Monique Wittig, apesar de todas as suas diferenças, sabem como escrever o corpo, como interligar erotismo, cosmologia e política, a partir da imagística da corporificação e, especialmente para Wittig, a partir da imagística da fragmentação e da reconstituição de corpos.[29]

Feministas radicais estadunidenses, como Susan Griffin, Audre Lorde e Adrienne Rich, têm afetado profundamente nossas imaginações políticas, mesmo que restringindo demasiadamente, talvez, aquilo que nós pensamos como sendo uma linguagem corporal e política amigável.[30] Elas insistem no orgânico, opondo-o ao tecnológico. Mas seus sistemas simbólicos, bem como as perspectivas que lhe são relacionadas (o ecofeminismo e o paganismo feminista), repleto de organicismos, só podem ser compreendidos como – para usar os termos de Sandoval – ideologias de oposição adequadas ao final do século XX. Elas simplesmente chocam qualquer pessoa que não esteja preocupada com as máquinas e a consciência do capitalismo tardio. Assim, elas são parte do mundo do ciborgue. Mas existem também grandes vantagens para as feministas em não abraçar explicitamente as possibilidades inerentes ao colapso das distinções nítidas entre organismo e máquina, bem como as distinções similares que estruturam o eu ocidental. É a simultaneidade dos colapsos que rompe as matrizes de dominação e abre possibilidades geométricas. O que pode ser aprendido a partir da poluição "tecnológica" política e pessoal? Examino a seguir, brevemente, dois grupos superpostos de textos, por seu *insight* para a construção de um mito do ciborgue que seja potencialmente útil: de um lado, as construções feitas por mulheres de cor e, de outro, a construção de eus monstruosos, feita na ficção científica feminista.

Sugeri, anteriormente, que as "mulheres de cor" poderiam ser compreendidas como uma identidade ciborgue, uma potente subjetividade, sintetizada a partir das fusões de identidades forasteiras e nos complexos estratos político-históricos de sua "biomitografia", *Zami* (Lorde, 1982; King, 1987a, 1987b). Há cartografias materiais e culturais que mapeiam esse potencial. Audre Lorde ([1984] 2019) apreende esse tom no título de seu livro *Irmã outsider*. Em meu mito político, a irmã *outsider* é a mulher de além-mar, a qual as mulheres estadunidenses – femininas e feminizadas – devem, supostamente, ver como o inimigo que impede sua solidariedade, que ameaça sua segurança. No continente, dentro das fronteiras dos Estados Unidos, a irmã *outsider* constitui um potencial, em meio às raças e às identidades étnicas das mulheres manipuladas pela divisão, pela competição e pela exploração nas mesmas indústrias. As "mulheres de cor" são a força de trabalho preferida das indústrias baseadas na ciência, são as mulheres reais que o mercado sexual, o mercado de trabalho e a política da reprodução mundiais lançam no rodopio caleidoscópico da vida cotidiana. As jovens mulheres coreanas contratadas pela indústria do sexo e pela linha de montagem eletrônica são recrutadas nas escolas secundárias e educadas para o circuito integrado. O ser alfabetizada, especialmente em inglês, distingue a força de trabalho feminina "barata", tão atrativa para as multinacionais.

Contrariamente aos estereótipos orientalistas do "primitivo oral", o alfabetismo é uma marca especial das mulheres de cor, tendo sido adquirido pelas mulheres negras estadunidenses, bem como pelos homens, por meio de uma história na qual eles e elas arriscaram a vida para aprender e para ensinar a ler e a escrever. A escrita tem um significado especial para todos os grupos colonizados. A escrita tem sido crucial para o mito ocidental da distinção entre culturas orais e escritas, entre mentalidades primitivas e civilizadas. Mais recentemente, essas distinções têm sido desconstruídas por aquelas teorias pós-modernas que atacam o falogocentrismo do ocidente, com sua adoração do trabalho monoteísta, fálico, legitimizado e singular – o nome único e perfeito.[31] Disputas em torno dos significados da escrita são uma forma importante da luta política contemporânea. Liberar o jogo da escrita é uma coisa extremamente séria. A poesia e as histórias das mulheres de cor estadunidenses dizem respeito, repetidamente, à escrita, ao acesso ao poder de significar; mas desta vez o poder não deve ser nem fálico nem inocente. A escrita-ciborgue não tem a ver com a Queda, com a fantasia de uma totalidade que, "era uma vez", existia antes da linguagem, antes da escrita, antes do Homem. A escrita-ciborgue tem a ver com o poder de sobreviver, não com base em uma inocência original, mas com base na tomada de posse dos mesmos instrumentos para marcar o mundo que as marcou como outras.

Os instrumentos são, com frequência, histórias recontadas, que invertem e deslocam os dualismos hierárquicos de identidades naturalizadas. Ao recontar as histórias de origem, as autoras-ciborgue subvertem os mitos centrais de origem da cultura ocidental. Temos, todas, sido colonizadas por esses mitos de origem, com sua ânsia por uma plenitude que seria realizada no apocalipse. As histórias falogocêntricas de origem mais cruciais para as ciborgues feministas estão contidas nas tecnologias – tecnologias que escrevem o mundo, como a biotecnologia e a microeletrônica –

da letra, da inscrição que têm, recentemente, textualizado nossos corpos como problemas de código sobre a grade do C^3I. As histórias feministas sobre ciborgues têm a tarefa de recodificar a comunicação e a inteligência a fim de subverter o comando e o controle.

A política da linguagem permeia, figurativa e literalmente, as lutas das mulheres de cor; as histórias sobre linguagem têm uma força especial na rica escrita contemporânea das mulheres estadunidenses de cor. Por exemplo, as recontagens da história da mulher índia Malinche, mãe da raça "bastarda" mestiça do novo mundo, senhora das línguas e amante de Cortez, carregam um significado especial para as construções chicanas da identidade. Cherríe Moraga (1983), em *Loving in the War Years*, explora o tema da identidade, quando não se possuía a linguagem original, quando nunca se havia contado a história original, quando nunca se havia morado na harmonia da heterossexualidade legítima no jardim da cultura e, assim, não se podia basear a identidade em um mito ou em uma queda da inocência e no direito a nomes naturais, o da mãe ou o do pai.[32] A escrita de Moraga, seu alfabetismo extraordinário, é apresentada em sua poesia como o mesmo tipo de violação do domínio da língua do conquistador por Malinche – uma violação, uma produção ilegítima, que permite a sobrevivência. A linguagem de Moraga não é "inteira"; ela é autoconscientemente partida, uma quimera feita de uma mistura de inglês e espanhol, as línguas dos conquistadores. Mas é esse monstro quimérico, sem nenhuma reivindicação em favor de uma língua original existente antes da violação, que molda as identidades eróticas, competentes, potentes, das mulheres de cor. A irmã *outsider* sugere a possibilidade da sobrevivência do mundo não por causa de sua inocência, mas por causa de sua habilidade de viver nas fronteiras, de escrever sem o mito fundador da inteireza original, com seu inescapável apocalipse do retorno final a uma unidade mortal que o Homem tem imaginado como sendo a Mãe inocente e todo poderosa, libertada, no Fim, de uma outra espiral de apropriação, por seu filho. A escrita marca o corpo de Moraga, afirma-o como o corpo de uma mulher de cor, contra a possibilidade de passar para a categoria não marcada do pai anglo ou para o mito orientalista do "analfabetismo original" de uma mãe que nunca foi. Malinche era, aqui, mãe, e não Eva, antes de comer o fruto proibido. A escrita afirma a irmã *outsider*, não a Mulher-antes-da-queda-na-escrita, exigida pela falogocêntrica Família do Homem.

A escrita é, preeminentemente, a tecnologia dos ciborgues – superfícies gravadas do final do século XX. A política do ciborgue é a luta pela linguagem, é a luta contra a comunicação perfeita, contra o código único que traduz todo significado de forma perfeita – o dogma central do falogocentrismo. É por isso que a política do ciborgue insiste no ruído e advoga a poluição, tirando prazer das ilegítimas fusões entre animal e máquina. São esses acoplamentos que tornam o Homem e a Mulher extremamente problemáticos, subvertendo a estrutura do desejo, essa força que se imagina como sendo a que gera a linguagem e o gênero, subvertendo, assim também, a estrutura e os modos de reprodução da identidade "ocidental", da natureza e da cultura, do espelho e do olho, do escravo e do senhor. "Nós" não escolhemos, originalmente, ser ciborgues. A ideia de escolha está na base, de qualquer forma, da política liberal e da epistemologia que imaginam a reprodução dos indivíduos antes das replicações mais amplas de "textos".

Libertadas da necessidade de basear a política em uma posição supostamente privilegiada com relação à experiência da opressão, incorporando, nesse processo, todas as outras dominações, podemos, da perspectiva dos ciborgues, vislumbrar possibilidades extremamente potentes. Os feminismos e os marxismos têm dependido dos imperativos epistemológicos ocidentais para construir um sujeito revolucionário, a partir da perspectiva que supõe existir uma hierarquia entre diversos tipos de opressões e/ou a partir de uma posição latente de superioridade moral, de inocência e de uma maior proximidade com a natureza. Sem poder mais contar com nenhum sonho original relativamente a uma linguagem comum, nem com uma simbiótica natural que prometa uma proteção da separação "masculina" hostil, estamos escritas no jogo de um texto que não tem nenhuma leitura finalmente privilegiada nem qualquer história de salvação. Isso faz com que nos reconheçamos como plenamente implicadas no mundo, libertando-nos da necessidade de enraizar a política na identidade, em partidos de vanguarda, na pureza e na maternidade. Despida da identidade, a raça bastarda ensina sobre o poder da margem e sobre a importância de uma mãe como Malinche. As mulheres de cor transformam-na, de uma mãe diabólica, nascida do medo masculinista, em uma mãe originalmente alfabetizada que ensina a sobrevivência.

Isso não é apenas uma desconstrução literária, mas uma transformação limiar. Toda história que começa com a inocência original e privilegia o retorno à inteireza imagina que o drama da vida é constituído de individuação, separação, nascimento do eu, tragédia da autonomia, queda na escrita, alienação; isto é, guerra, temperada pelo repouso imaginário no peito do Outro. Essas tramas são governadas por uma política reprodutiva – renascimento sem falha, perfeição, abstração. Nessa trama, as mulheres são imaginadas como estando em uma situação melhor ou pior, mas todos concordam que elas têm menos "eu", uma individuação mais fraca, mais fusão com o oral, com a Mãe, menos coisas em jogo na autonomia masculina. Mas existe um outro caminho para ter menos coisas em jogo na autonomia masculina, um caminho que não passa pela Mulher, pelo Primitivo, pelo Zero, pela Fase do Espelho e seu imaginário. Passa pelas mulheres e por outros ciborgues no tempo-presente, ilegítimos, não nascidos da Mulher, que recusam os recursos ideológicos da vitimização, de modo a ter uma vida real. Esses ciborgues são as pessoas que recusam desaparecer quando instados, não importa quantas vezes um escritor "ocidental" faça comentários sobre o triste desaparecimento de um outro grupo orgânico, primitivo, efetuado pela tecnologia "ocidental", pela escrita.[33] Esses ciborgues da vida real (por exemplo, as mulheres trabalhadoras de uma aldeia do sudeste asiático, nas empresas eletrônicas japonesas e estadunidenses descritas por Aihwa Ong) estão ativamente reescrevendo os textos de seus corpos e sociedades. A sobrevivência é o que está em questão nesse jogo de leituras.

Para recapitular: certos dualismos têm sido persistentes nas tradições ocidentais; eles têm sido essenciais à lógica e à prática da dominação sobre as mulheres, as pessoas de cor, a natureza, os trabalhadores, os animais – em suma, a dominação de todos aqueles que foram constituídos como outros e cuja tarefa consiste em espelhar o eu [dominante]. Estes são os mais importantes desses problemáticos dualismos: eu/outro, mente/corpo, cultura/natureza, macho/fêmea, civilizado/primitivo, realidade/aparência, todo/parte, agente/instrumento, o que faz/o que é feito, ativo/passivo, certo/errado, verdade/ilusão, total/parcial, Deus/homem. O eu é o Um que não é dominado, que sabe isso por meio do trabalho do outro; o outro é o um que carrega o futuro, que sabe isso por meio da experiência da dominação, a qual desmente a autonomia do eu. Ser o Um é ser autônomo, ser poderoso, ser Deus; mas ser o Um é ser uma ilusão e, assim, estar envolvido numa dialética de apocalipse com o outro. Por outro lado, ser o outro é ser múltiplo, sem fronteira clara, borrado, insubstancial. Um é muito pouco, mas dois [o outro] é demasiado.

A cultura *high-tech* contesta – de forma intrigante – esses dualismos. Não está claro quem faz e quem é feito na relação entre o humano e a máquina. Não está claro o que é mente e o que é corpo em máquinas que funcionam de acordo com práticas de codificação. Na medida em que nos conhecemos tanto no discurso formal (por exemplo, na biologia) quanto na prática cotidiana (por exemplo, na economia doméstica do circuito integrado), descobrimo-nos como sendo ciborgues, híbridos, mosaicos, quimeras. Os organismos biológicos tornaram-se sistemas bióticos – dispositivos de comunicação como qualquer outro. Não existe, em nosso conhecimento formal, nenhuma separação fundamental, ontológica, entre máquina e organismo, entre técnico e orgânico. A replicante Rachel no filme *Blade Runner*, de Ridley Scott, destaca-se como a imagem do medo, do amor e da confusão da cultura-ciborgue.

Uma das consequências disso é que nosso sentimento de conexão com nossos instrumentos é reforçado. O estado de transe experimentado por muitos usuários de computadores tem-se tornado a imagem predileta dos filmes de ficção científica e das piadas culturais. Talvez os paraplégicos e outras pessoas seriamente afetadas possam ter (e algumas vezes têm) as experiências mais intensas de uma complexa hibridização com outros dispositivos de comunicação.[34] O livro pré-feminista de Anne McCaffrey, *The Ship who Sang* (1969), explora a consciência de uma ciborgue, produto híbrido do cérebro de uma garota com uma complexa maquinaria, formado após o nascimento de uma criança seriamente incapacitada. O gênero, a sexualidade, a corporificação, a habilidade: todos esses elementos são reconstituídos na história. Por que nossos corpos devem terminar na pele? Por que, na melhor das hipóteses, devemos nos limitar a considerar como corpos, além dos humanos, apenas outros seres também envolvidos pela pele? Do século XVII até agora, as máquinas podiam ser animadas – era possível atribuir-lhes almas fantasmas para fazê-las falar ou movimentar-se ou para explicar seu desenvolvimento ordenado e suas capacidades mentais. Ou os organismos podiam ser mecanizados – reduzidos ao corpo compreendido como recurso da mente. Essas relações máquina/organismo são obsoletas, desnecessárias. Para nós, na imaginação e na prática, as máquinas podem ser dispositivos protéticos, componentes íntimos, amigáveis eus. Não precisamos do holismo orgânico para nos dar uma totalidade impermeável, para nos dar a mulher total e suas variantes feministas (mutantes?). Deixem-me concluir este ponto com uma leitura muito parcial da lógica dos monstros-ciborgue de meu segundo grupo de textos – a ficção científica feminista.

Os ciborgues que habitam a ficção científica feminista tornam bastante problemático o *status* de homem ou mulher, humano, artefato, membro de uma raça, entidade individual ou corpo. Katie King observa como o prazer de ler essas ficções não é, em geral, baseado na identificação. As estudantes que encontraram Joanna Russ pela primeira vez, estudantes que aprenderam a ler escritores e escritoras modernistas como James Joyce ou Virginia Woolf sem problemas, não sabem o que fazer com *The Adventures of Alyx* ou *The Female Man*, nos quais os personagens rejeitam a busca do leitor ou da leitora por uma inteireza inocente, ao mesmo tempo que admitem o desejo por buscas heroicas, por um erotismo exuberante e por uma política séria. *The Female Man* é a história de quatro versões de um único genótipo, todas as quais se encontram, mas que, mesmo consideradas juntas, não formam um todo, não resolvem os dilemas da ação moral violenta nem impedem o escândalo crescente do gênero. A ficção científica feminista de Samuel R. Delany, especialmente *Tales of Nevèrÿon*, ridiculariza as histórias de origem ao refazer a revolução neolítica e ao repetir os gestos fundadores da civilização ocidental para subverter sua plausibilidade. James Tiptree Jr., uma autora cuja ficção era vista como particularmente masculina até que seu "verdadeiro" gênero fosse revelado, conta fábulas de reprodução baseadas em tecnologias não mamíferas, tais como rotação entre gerações de bolsas masculinas de chocar e cuidado masculino com os recém-nascidos. John Varley constrói um ciborgue supremo, em sua exploração arquifeminista de Gaea, um dispositivo louco que é uma combinação de deusa, planeta, vigarista, anciã e tecnologia, em cuja superfície uma gama extraordinária de simbioses pós-ciborgues é gerada. Octavia Butler escreve sobre uma feiticeira africana que aciona seus poderes de transformação contra as manipulações genéticas de sua rival (*Wild Seed*), de distorções de tempo que levam uma mulher negra estadunidense moderna de volta para a escravidão, na qual suas ações, em relação a seu senhor-ancestral branco, determinam a possibilidade de seu próprio nascimento (*Kindred*). Ela escreve também sobre os ilegítimos *insights* sobre identidade e comunidade de uma criança, adotada, que é um cruzamento de espécies, uma criança que veio a conhecer o inimigo como eu (*Survivor*). Em *Dawn* (1987), a primeira parte de uma série chamada *Xenogenesis*, Butler conta a história de Lilith Iyapo, cujo nome pessoal relembra seu *status* como a viúva do filho de imigrantes nigerianos que vivem nos Estados Unidos. Como uma mãe negra cujo filho está morto, Lilith serve de intermediária para a transformação da humanidade por meio de uma troca genética com engenheiros amantes/salvadores/destruidores/genéticos extraterrestres, os quais reformam os habitats da terra após o holocausto nuclear e obrigam os humanos sobreviventes a entrar em uma íntima fusão com eles. Trata-se de um romance que questiona a política reprodutiva, linguística e nuclear, no campo mítico estruturado pela raça e pelo gênero, no final do século XX.

Por ser particularmente rico em transgressões de fronteiras, o livro *Superluminal*, de Vonda McIntyre, pode fechar este catálogo incompleto de monstros promissores e perigosos que contribuem para redefinir os prazeres e a política da corporificação e da escrita feministas. Em uma ficção na qual nenhum personagem é "simplesmente" humano, o significado do que é humano torna-se extremamente problemático. Orca, uma mergulhadora geneticamente alterada, pode falar com baleias assassinas, sobrevivendo nas condições do oceano profundo, mas ela anseia por explorar o espaço como piloto, precisando de implantes biônicos que põem em risco seu parentesco com mergulhadoras e cetáceos. As transformações são efetuadas, entre outros meios, por vetores virais que carregam um novo código de desenvolvimento, por cirurgia de transplante, por implantes de dispositivos microeletrônicos e por duplicações analógicas. Laenca torna-se piloto, ao aceitar um implante de coração e uma série de outras alterações que permitem a sobrevivência em viagens a velocidades que excedem à da luz. Radu Dracul sobrevive a uma praga viral em seu distante planeta, para encontrar-se com um sentido de tempo que muda as fronteiras da percepção espacial para espécies inteiras. Todos os personagens exploram os limites da linguagem, o sonho da experiência da comunicação e a necessidade de limitação, parcialidade e intimidade, mesmo nesse mundo de transformação e conexão proteicas. *Superluminal* significa também as determinantes contradições de um mundo-ciborgue em um outro sentido; ele corporifica, textualmente, a intersecção – na ficção científica citada – da teoria feminista com o discurso colonial. Trata-se de uma conjunção com uma longa história que muitas feministas do "Primeiro Mundo" têm tentado reprimir. Foi o que ocorreu comigo, na minha leitura de *Superluminal*, antes de ter sido chamada à atenção por Zoe Sofoulis, cuja localização diferente na informática da dominação do sistema mundial tornou-a agudamente alerta ao momento imperialista de todas as culturas de ficção científica, incluindo a ficção científica das mulheres. Por sua sensibilidade feminista australiana, Sofoulis relembrou mais prontamente o papel de McIntyre como escritor das aventuras do Capitão Kirk e do dr. Spock na série de TV *Jornada nas estrelas*, do que sua reescrita do romance em *Superluminal*.

Os monstros sempre definiram, na imaginação ocidental, os limites da comunidade. Os centauros e as amazonas da Grécia antiga estabeleceram os limites da pólis centrada do humano masculino grego ao vislumbrarem a possibilidade do casamento e as confusões de fronteira entre, de um lado, o guerreiro e, de outro, a animalidade e a mulher. Gêmeos não separados e hermafroditas constituíram o confuso material humano dos primeiros tempos da França moderna, o qual fundamentou o discurso no natural e no sobrenatural, no médico e no legal, nos portentos e nas doenças – elementos, todos eles, cruciais no estabelecimento da identidade moderna.[35] As ciências da evolução e do comportamento dos macacos e dos símios têm marcado as múltiplas fronteiras das identidades industriais do final do século XX. Os monstros-ciborgue da ficção científica feminista definem possibilidades e limites políticos bastante diferentes daqueles propostos pela ficção mundana do Homem e da Mulher.

Essas são várias das consequências de se levar a sério a imagem dos ciborgues como sendo algo mais do que apenas nossos inimigos. Nossos corpos são nossos eus; os corpos são mapas de poder e identidade. Os ciborgues não constituem exceção a isso. O corpo do ciborgue não é inocente; ele não nasceu num Paraíso; ele não busca uma identidade unitária, não produzindo, assim, dualismos antagônicos sem fim (ou até que o mundo tenha fim). Ele assume a ironia como natural. Um é muito pouco, dois é apenas uma possibilidade. O intenso prazer na habilidade – na habilidade da máquina – deixa de ser um pecado para constituir um aspecto do processo de corporificação. A máquina não é uma coisa a ser animada, idolatrada e dominada. A máquina coincide conosco, com nossos processos; ela é um aspecto de nossa corporificação. Podemos ser responsáveis pelas máquinas; elas não nos dominam ou nos ameaçam. Nós somos responsáveis pelas fronteiras; nós somos essas fronteiras. Até agora ("era uma vez"), a corporificação feminina parecia ser dada, orgânica, necessária; a corporificação feminina parecia significar habilidades relacionadas à maternidade e às suas extensões metafóricas.

Podíamos extrair intenso prazer das máquinas apenas ao custo de estarmos fora de lugar e mesmo assim com a desculpa de que se tratava, afinal, de uma atividade orgânica, apropriada às mulheres. Ciborgues podem expressar de forma mais séria o aspecto – algumas vezes, parcial, fluido – do sexo e da corporificação sexual. O gênero pode não ser, afinal de contas, a identidade global, embora tenha uma intensa profundidade e amplitude históricas.

A questão, ideologicamente carregada, a respeito do que conta como atividade cotidiana, como experiência, pode ser abordada por meio da exploração da imagem do ciborgue. As feministas têm argumentado, recentemente, que as mulheres estão inclinadas ao cotidiano, que as mulheres, mais do que os homens, sustentam a vida cotidiana e têm, assim, uma posição epistemológica potencialmente privilegiada. Há um aspecto atrativo nesse argumento, um aspecto que torna visíveis as atividades femininas não valorizadas e as reivindicam como constituindo a base da vida. Mas: "a" base da vida? E o que dizer sobre toda a ignorância das mulheres, todas as exclusões e negações de seu conhecimento e de sua competência? O que dizer do acesso masculino à competência cotidiana, o acesso ao saber sobre como construir coisas, desmontá-las, jogar com elas? Que dizer de outras corporificações? O gênero ciborguiano é uma possibilidade local que executa uma vingança global. A raça, o gênero e o capital exigem uma teoria ciborguiana do todo e das partes. Não existe nenhum impulso nos ciborgues para a produção de uma teoria total; o que existe é uma experiência íntima sobre fronteiras – sobre sua construção e desconstrução. Existe um sistema de mito, esperando tornar-se uma linguagem política que se possa constituir na base de uma forma de ver a ciência e a tecnologia e de contestar a informática da dominação – a fim de poder agir de forma potente.

Uma última imagem: os organismos e a política organicista, holística, dependem das metáforas do renascimento e, invariavelmente, arregimentam os recursos do sexo reprodutivo. Sugiro que os ciborgues têm mais a ver com regeneração, desconfiando da matriz reprodutiva e de grande parte dos processos de nascimento. Para as salamandras, a regeneração após uma lesão, tal como a perda de um membro, envolve um crescimento renovado da estrutura e uma restauração da função, com uma constante possibilidade de produção de elementos gêmeos ou outras produções topográficas estranhas no local da lesão. O membro renovado pode ser monstruoso, duplicado, potente. Fomos todas lesadas, profundamente. Precisamos de regeneração, não de renascimento, e as possibilidades para nossa reconstituição incluem o sonho utópico da esperança de um mundo monstruoso, sem gênero.

A imagem do ciborgue pode ajudar a expressar dois argumentos cruciais deste ensaio. Em primeiro lugar, a produção de uma teoria universal, totalizante, é um grande equívoco, que deixa de apreender – provavelmente sempre, mas certamente agora – a maior parte da realidade. Em segundo lugar, assumir a responsabilidade pelas relações sociais da ciência e da tecnologia significa recusar uma metafísica anticiência, uma demonologia da tecnologia e, assim, abraçar a habilidosa tarefa de reconstruir as fronteiras da vida cotidiana, em conexão parcial com os outros, em comunicação com todas as nossas partes. Não se trata apenas da ideia de que a ciência e a tecnologia são possíveis meios de grande satisfação humana, bem como uma matriz de complexas dominações. A imagem do ciborgue pode sugerir uma forma de saída do labirinto dos dualismos por meio dos quais temos explicado nossos corpos e nossos instrumentos para nós mesmas. Trata-se do sonho não de uma linguagem comum, mas de uma poderosa e herética heteroglossia. Trata-se da imaginação de uma feminista falando em línguas[36] [glossolalia] para incutir medo nos circuitos dos supersalvadores da direita. Significa tanto construir quanto destruir máquinas, identidades, categorias, relações, narrativas espaciais. Embora estejam envolvidas, ambas, numa dança em espiral, prefiro ser uma ciborgue a uma deusa.

Notas

[1] O título original deste ensaio é "A Cyborg Manifesto: Science, Technology, and Socialist-Feminism in the Late Twentieth Century", no qual "cyborg" funciona, é claro, como adjetivo. Em português, não se pode fazer, como se faz em inglês, com que um substantivo funcione como adjetivo a não ser, limitadamente, por meio do uso do hífen como, por exemplo, em "política-ciborgue". No corpo do texto, optei por traduzir o *adjetivo* "cyborg" por "ciborguiano/a" ou, alternativamente, quando coubesse, pelo uso do hífen, como no exemplo citado. Apenas no título tomei a liberdade de deixar que o substantivo "ciborgue" funcionasse, de forma estranha à língua portuguesa, como adjetivo. Cabe observar também que, em uma versão anterior, o título era "Manifesto for the Cyborgs: Science, Technology, and Socialist-Feminism in the 1980's", erroneamente traduzido, na edição mencionada na Nota do Organizador que abre este volume, como "Um manifesto para os *cyborgs*..." (o mesmo erro aparece na tradução espanhola), quando a tradução seria, evidentemente, "Manifesto em favor dos *cyborgs*...". "Um manifesto *para* os cyborgs..." não faz, obviamente, nenhum sentido. (N.T.)

[2] A pesquisa na qual este ensaio se baseia foi financiada pela Universidade da Califórnia, Santa Cruz. Uma versão anterior do ensaio sobre engenharia genética foi publicada em Haraway, 1984. O manifesto ciborgue desenvolveu-se a partir do ensaio "New machines, new bodies, new communities: political dilemmas of a cyborg feminist", *The Scholar*

and the Feminist X: The Question of Technology, conferência, Barnard College, abril de 1983. As pessoas associadas com o Departamento de História da Consciência, da Universidade da Califórnia, Santa Cruz, tiveram uma enorme influência sobre este ensaio: ele é assim, mais do que em geral ocorre, de autoria coletiva, embora aquelas pessoas que eu cito possam não reconhecer suas ideias. Em particular, participantes dos cursos de "Metodologia, Política, Ciência e Teoria Feminista", tanto de graduação quanto de pós-graduação, deram sua contribuição a este "Manifesto em favor dos ciborgues". Quero registrar, em particular, meu débito para com Hilary Klein (1989), Paul Edwards (1985), Lisa Lowe (1986) e James Clifford (1985). Partes do ensaio constituíram minha contribuição à apresentação "Poetic Tools and Political Bodies: Feminist Approaches to High Technology Culture", 1984, *California American Studies Association*, coletivamente desenvolvida com as estudantes de pós-graduação do Departamento de História da Consciência: Zoe Sofoulis, "Jupiter space"; Katie King, "The Pleasures of Repetition and the Limits of Identification in Feminist Science Fiction: Reimagination of the Body After the Cyborg" e Chela Sandoval, "The Construction of Subjectivity and Oppositional Consciousness in Feminist Film and Video". A teoria de Sandoval sobre consciência de oposição foi publicada como "Women Respond to Racism: A Report on the National Women's Studies Association Conference". Para as interpretações semiótico-psicanalíticas sobre cultura nuclear, feitas por Sofoulis, ver Sofia (1984). Os ensaios inéditos de King ("Questioning Tradition: Canon Formation and the Veiling of Power"; "Gender and Genre: Reading the Science Fictio of Joanna Russ"; "Varley's *Titan* and *Wizard:* Feminist Parodies of Nature, Culture, and Hardware") foram de grande inspiração para a redação do "Manifesto em favor dos ciborgues". Barbara Epstein, Jeff Escoffier, Rusten Hogness e Jaye Miller contribuíram, de forma importante, para a discussão e foram de grande ajuda na organização do material. Participantes do "Projeto de pesquisa sobre o Silicon Valley", da Universidade da Califórnia, Santa Cruz, e participantes das conferências e oficinas da SVRP foram muito importantes, especialmente Rick Gordon, Linda Kimball, Nancy Snyder, Langdon Winner, Judith Stacey, Linda Lim, Patricia Fernandez-Kelly e Judith Gregory. Finalmente, quero agradecer a Nancy Hartsock por anos de amizade e discussão sobre teoria e ficção científica feministas. Quero agradecer também a Elizabeth Bind por meu *button* político favorito: "Ciborgues para a sobrevivência terrena".

[3] Referências úteis sobre movimentos e teorias de ciência radical feminista e/ou de esquerda e sobre questões biológicas/biotécnicas incluem: Bleier (1984, 1986); Harding (1986); Fausto-Sterling (1985); Gould (1981); Hubbard *et alii* (1982); Keller (1985); Lewontin *et alii* (1984); *Radical Science Journal* (passou a se chamar *Science as Culture* em 1987): 26 Freegrove Road, Londres N7 9RQ; *Science for the People*: 897 Main St, Cambridge, MA 02139, Estados Unidos da América.

[4] Pontos de partida para abordagens feministas e/ou de esquerda sobre tecnologia e política incluem: Cowan (1983); Rothschild (1983); Traweek (1988); Young e Levidow (1981, 1985); Weizenbaum (1976); Winner (1977, 1986); Zimmerman (1983); Athanasiou (1987); Cohn (1987a, 1987b); Winograd e Flores (1986); Edwards (1985); *Global Electronic Newsletter*: 867 West Dana St, 204, Mountain View, CA 94041, Estados Unidos da América; *Processed World*, 55 Sutter St, San Francisco, CA 94104, Estados Unidos da América; ISIS, Women's International Information and Communication Service, Caixa Postal 50 (Cornavin), 1211, Genebra 2, Suíça e Via Santa Maria Dell'Anima 30, 00186 Roma, Itália. Abordagens fundamentais sobre os modernos estudos sociais da ciência que rompem com a mistificação liberal de que tudo começou com Thomas Kuhn incluem: Knorr-Cetina (1981); Knorr-Cetina e Mulkay (1983); Latour e Woolgar (1979); Young (1979). A edição de 1984 do *Directory of the Network for the Ethnographic Study of Science, Technology, and Organizations* lista uma ampla gama de pessoas e projetos cruciais para uma análise radical da ciência e da tecnologia. Ela pode ser solicitada a NESSTO, Caixa Postal 11442, Stanford, CA 94305, Estados Unidos da América.

[5] Um argumento provocativo e abrangente sobre a política e a teoria do "pós-modernismo" é o de Fredric Jameson (1984), que argumenta que o pós-modernismo não é uma opção, um estilo entre outros, mas uma categoria cultural que exige uma reinvenção radical da política de esquerda a partir de seu interior; não existe mais nenhuma posição exterior que dê sentido à confortante ficção de que é possível manter uma certa distância crítica. Jameson também deixa claro por que não se pode ser a favor ou contra o pós-modernismo, o que seria um gesto moralista. Minha posição é a de que as feministas (outras pessoas e outros grupos também) precisam de uma contínua reinvenção cultural, de uma crítica pós-modernista e de um materialismo histórico: nesse cenário, só uma ciborgue pode ter alguma chance. A velha dominação do patriarcado

capitalista branco parece, agora, nostalgicamente inocente: eles normalizaram a heterogeneidade, ao fazer classificações como aquelas de homem e mulher, de branco e negro, por exemplo. O "capitalismo avançado" e o pós-modernismo liberaram a heterogeneidade, deixando-nos sem nenhuma norma. O resultado é que nós nos tornamos achatados, sem subjetividade, pois a subjetividade exige profundidade, mesmo que seja uma profundidade pouco amigável e afogadora. É hora de escrever *A morte da clínica*. Os métodos da clínica exigem corpos e trabalhos; nós temos textos e superfícies. Nossas dominações não funcionam mais por meio da medicalização e da normalização; elas funcionam por meio de redes, do redesenho da comunicação, da administração do estresse. A normalização cede lugar à automação, à absoluta redundância. Os livros de Michel Foucault – *O nascimento da clínica*, *História da sexualidade* e *Vigiar e punir* – descrevem uma forma particular de poder em seu momento de implosão. O discurso da biopolítica cede lugar, agora, ao jargão técnico, à linguagem do substantivo partido e recombinado; as multinacionais não deixam nenhum nome intacto. Esses são seus nomes, constantes de uma lista feita a partir de um número da revista *Science*: Tech-Knowledge, Genentech, Allergen, Hybritech, Compupro, Genen-cor, Syntex, Allelix, Agrigenetics Corp., Syntro, Codon, Repligen, MicroAngelo from Scion Corp., Percom Data, Inter Systems, Cyborg Corp., Statcom Corp., Intertec. Se é verdade que somos aprisionados pela linguagem, então, a fuga dessa prisão exige poetas da linguagem, exige um tipo de enzima cultural que seja capaz de interromper o código; a heteroglossia ciborguiana é uma das formas de política cultural radical. Para exemplos de poesia-ciborgue, ver Perloff (1984); Fraser (1984). Para exemplos de escrita-ciborgue modernista/pós-modernista feminista, ver HOW(ever), 871 Corbett Ave, San Francisco, CA 94131.

[6] Baudrillard (1983), Jameson (1984, p. 66) observa que a definição de simulacro, dada por Platão, é a de cópia para a qual não existe nenhum original, isto é, o mundo do capitalismo avançado, da pura troca. Veja o número especial de *Discourse* (n. 9, 1987), sobre tecnologia ("A cibernética, a ecologia e a imaginação pós-moderna").

[7] Refere-se aos caminhões que transportavam, nos anos 1980-1981, mísseis nucleares para a base aérea estadunidense de Greenham Common, na Inglaterra. (N.T.)

[8] Refere-se ao grupo de mulheres que organizou, em agosto-setembro de 1981, uma demonstração de protesto contra a decisão da OTAN (Organização do Tratado do Atlântico Norte) de armazenar mísseis nucleares na base aérea estadunidense de Greenham Common, na Inglaterra. Após ter caminhado cerca de 50 quilômetros, desde Cardiff, no País de Gales, até a base de Greenham Common, situada em Berkshire, Inglaterra, o grupo de mulheres acampou próximo ao portão principal da base. (N.T.)

[9] A "dança em espiral" refere-se à prática de protesto realizada diante da prisão de Santa Rita, no Condado de Alameda, Califórnia, unindo guardas e manifestantes, por ocasião das manifestações de protestos antinucleares no início dos anos 1980. (N.T.)

[10] Para descrições etnográficas e avaliações políticas, veja Epstein (no prelo), Sturgeon (1986). Sem expressar qualquer ironia de forma explícita, ao utilizar a imagem do planeta visto do espaço, a demonstração do "Dia das Mães e Outros Dias", de maio de 1987, levada a efeito nas instalações de teste de armas nucleares, em Nevada, levou em conta, entretanto, as trágicas contradições das perspectivas sobre a terra. Os participantes da demonstração solicitaram, aos administradores da tribo Shoshone, uma autorização oficial para utilizar seus terrenos, que tinham sido invadidos pelo governo estadunidense quando este construiu as instalações de testagem de armas nucleares em 1950. Detidos por invasão, os participantes da demonstração argumentaram que a polícia e o pessoal das instalações de teste das armas é que eram os invasores, por não terem a devida autorização dos administradores indígenas.

[11] Escritores/as do "Terceiro Mundo", falando de lugar nenhum, falando do deslocado centro do universo, da terra, estão dizendo coisas tais como: "Nós vivemos no terceiro planeta a partir do sol" (*Sun Poem*, de autoria do escritor jamaicano, Edward Karnau Braithwaite, resenha de Mackey, 1984). Os/as colaboradores/as do livro organizado por Smith (1983), ironicamente, subvertem as identidades naturalizadas no mesmo e exato momento em que constroem um lugar a partir do qual podem falar – um lugar ao qual possam chamar de "lar". Ver especialmente Reagon (in Smith, 1983, p. 356-368) e Trinh T. Minh-ha (1986-1987).

[12] No original, *women of colour*. A expressão *of colour* não tem, neste contexto, a mesma carga depreciativa da expressão "de cor" em português. A palavra que carrega essa carga negativa, em inglês, é *"colored"*, claramente racista. Na impossibilidade de encontrar uma expressão em

português que pudesse traduzir, sem conotações negativas, a expressão "*of colour*", mantive a tradução literal, "de cor", devendo-se ter em mente, na leitura, essa advertência. (N.T.)

[13] hooks (1981, 1984); Hull *et alii* (1982). Bambara (1982) escreveu um romance extraordinário, no qual o grupo de teatro formado por mulheres de cor, *The Seven Sisters*, explora uma forma específica de unidade política. Ver a análise do romance feita por Butler-Evans (1987).

[14] Sobre o orientalismo nos trabalhos feministas e outros, veja Lowe (1986); Said (1978); Mohanty (1984); *Many Voices, One Chant: Black Feminist Perspectives* (1984).

[15] Katie King (1986, 1987a) fez uma análise teoricamente sensível sobre as taxonomias feministas. Em sua análise, essas taxonomias são analisadas como genealogias de poder. King examina o exemplo problemático, fornecido por Jaggar (1983), dos feminismos que se baseiam na construção de taxonomias, para construir uma pequena máquina que produz a posição final desejada. A caricatura do feminismo socialista e radical que faço neste ensaio é também um exemplo disso.

[16] O papel central das teorias de relações de objeto da Psicanálise e outras tendências universalizantes na teorização da reprodução, do trabalho feminino relacionado ao cuidado dos filhos e da maternidade, presentes em muitas abordagens epistemológicas, demonstra a resistência de seus autores ou de suas autoras àquilo que estou chamando de "pós-modernismo". Para mim, tanto as tendências universalizantes quanto essas teorias psicanalíticas tornam difícil uma análise do "lugar da mulher no circuito integrado", levando a dificuldades sistemáticas na teorização sobre a construção das relações sociais e da vida social em termos de gênero. O argumento da posição feminista tem sido desenvolvido por: Flax (1983), Harding (1986), Harding e Hintikka (1983), Hartsock (1983a, b), O'Brien (1981), Rose (1983), Smith (1974, 1979). Sobre as teorias que repensam as teorias do materialismo feminista e sobre as posições feministas desenvolvidas em resposta à essa crítica, ver Harding (1986, p. 163-196), Hartsock (1987) e H. Rose (1986).

[17] Cometo um erro argumentativo de categoria ao "modificar" as posições de MacKinnon com o qualificativo "radical", produzindo, assim, eu própria, um reducionismo relativamente a uma escrita que é extremamente heterogênea e que não utiliza, explicitamente, aquele rótulo. Meu erro de categoria foi causado por uma solicitação para escrever um ensaio, para a revista *Socialist Review*, a partir de uma posição taxonômica –

o feminismo socialista – que tem, ela própria, uma história heterogênea. Uma crítica inspirada em MacKinnon, mas sem o seu reducionismo e com uma elegante análise feminista do paradoxal conservadorismo de Foucault em questões de violência sexual (estupro), é a feita por Lauretis (1985; ver também 1986, p. 1-19). Uma análise sócio-histórica teoricamente feminista da violência familiar, que insiste na complexidade do papel ativo das mulheres, dos homens e das crianças, sem perder de vista as estruturas materiais da dominação masculina, bem como das dominações de raça e de classe, é a feita por Gordon (1988).

[18] Esta tabela foi publicada em 1985. Meus esforços anteriores para compreender a biologia como um discurso cibernético centrado nas atividades de comando-controle e os organismos como "objetos tecnonaturais de conhecimento" estão em Haraway (1979, 1983, 1984). A versão de 1979 dessa tabela dicotômica aparece no capítulo 3 de Haraway (1991); para uma versão de 1989, ver Haraway (1991), capítulo 10. As diferenças indicam mudanças no argumento.

[19] Para análises e ações progressistas relativamente à biotecnologia, ver: *GeneWatch, a Bulletin of the Committee for Responsible Genetics*, 5 Doane St, 4th Floor, Boston, MA 012909; Genetic Screening Study Group (chamava-se, anteriormente, The Sociobiology Study Group of Science for the People), Cambridge, MA; Wright (1981, 1986); Yoxen (1983).

[20] Para referências iniciais às "mulheres no circuito integrado", ver: D'Onofrio-Flores e Pfafflin (1982), Fernandez-Kelly (1983), Fuentes e Ehrenreich (1983), Grossman (1980), Nash e Fernandez-Kelly (1983), Ong (1987), Science Policy Research Unit (1982).

[21] Para a "economia do trabalho caseiro fora de casa", ver: Gordon (1983); Gordon e Kimball (1985); Stacey (1987); Reskin e Hartmann (1986); *Women and Poverty* (1984); S. Rose (1986); Collins (1981); Burr (1982); Gregory e Nussbaum (1982); Piven e Cloward (1982); Microelectronics Group (1980); Stallard *et alii* (1983), o qual inclui uma útil lista de recursos e organizações.

[22] A conjunção das relações sociais da Revolução Verde com biotecnologias tais como a engenharia genética de plantas torna as pressões sobre a terra no Terceiro Mundo crescentemente intensas. As estimativas da Agency for International Development (*New York Times*, 14 de outubro de 1984) são de que, na África, as mulheres produzem cerca de 90 por cento das reservas rurais de alimento; na Ásia, cerca de 60-80; e de que, no Oriente Próximo e na América Latina, elas fornecem

40 por cento da força de trabalho agrícola. Blumberg sustenta que a política agrícola das organizações bem como as políticas das multinacionais e dos governos no Terceiro Mundo ignoram, em geral, questões fundamentais da divisão sexual do trabalho. A atual tragédia da fome na África pode ser devida tanto ao capitalismo, ao colonialismo e aos padrões de precipitação pluvial quanto à supremacia masculina. Mais precisamente, o capitalismo e o racismo são estruturalmente dominados pelos homens. Ver também Blumberg (1981); Hacker (1984); Hacker e Bovit (1981); Busch e Lacy (1983); Wilfred (1982); Sachs (1983); International Fund for Agricultural Development (1985); Bird (1984).

[23] Ver também Enloe (1983a, b).

[24] Para uma versão feminista desta lógica, ver Hrdy (1981). Para uma análise das práticas de contar histórias das mulheres que trabalham em ciência, especialmente em relação à sociobiologia, as discussões em torno do abuso infantil e do infanticídio, ver Haraway, 1991, cap. 5.

[25] Para o momento em que a construção dos significados populares sobre natureza entre o público imigrante urbano estadunidense deslocou-se da caça com armas para a caça com câmeras fotográficas, ver Haraway (1984-1985, 1989b), Nash (1979), Sontag (1977), Preston (1984).

[26] Para uma orientação sobre como pensar as implicações políticas, culturais e raciais da história das mulheres que fazem ciência nos Estados Unidos, ver: Haas e Perucci (1984); Hacker (1981); Keller (1983); National Science Foundation (1988); Rossiter (1982); Schiebinger (1987); Haraway (1989b).

[27] Markoff e Siegel (1983). *High Technology Professionals for Peace* e *Computer Professionals for Social Responsibility* constituem organizações promissoras.

[28] King (1984). Esta é uma lista abreviada da ficção científica feminista que está subjacente a temas deste ensaio: Octavia Butler, *Wild Seed, Mind of My Mind, Kindred, Survivor*; Suzy McKee Charnas, *Motherliness;* Samuel R. Delany, a série The Return to Nevèrÿon; Anne McCaffrey, *The Ship Who Sang, Dinosaur Planet;* Vonda McIntyre, *Superluminal, Dreamsnake;* Joanna Russ, *The Adventures of Alyx, The Female Man;* James Tiptree, Jr., *Star Songs of an Old Primate, Up the Walls of the World*; John Varley, *Titan, Wizard, Demon.*

[29] Os feminismos franceses representam uma importante contribuição para a heteroglossia-ciborgue. Burke (1981); Irigaray (1977, 1979); Marks e de Courtivron (1980); *Signs* (outono de 1981); Wittig (1973); Duchen (1986). Para uma tradução para o inglês de algumas correntes

do feminismo francófono, ver *Feminis Issues: A Journal of Feminist Social and Political Theory,* 1980.

[30] Mas todas essas poetas são bastante complexas, principalmente no tratamento que dão a temas sobre identidades pessoais e coletivas descentradas, eróticas, mentirosas. Griffin (1978), Lorde (2019), Rich (1978).

[31] Derrida (1976, especialmente parte II); Lévi-Strauss (1971, especialmente 'The Writing Lesson'); Gates (1985); Kahn e Neumaier (1985); Ong (1982); Kramarae e Treichler (1985).

[32] A aguda relação das mulheres de cor com a escrita como tema e como política pode ser compreendida com a ajuda das seguintes referências: Program for 'The Black Woman and the Diaspora: Hidden Connections and Extended Acknowledgments', An International Literary Conference, Michigan State University, outubro de 1985; Evans (1984); Christian (1985); Carby (1987); Fisher (1980); *Frontiers* (1980, 1983); Kingston (1977); Lerner (1973); Giddings (1985); Moraga e Anzaldúa (1981); Morgan (1984). As mulheres euro-americanas e as mulheres europeias anglófonas também têm construído relações especiais com sua escrita, relações nas quais a escrita aparece como um potente signo: Gilbert e Gubar (1979), Russ (1983).

[33] A decisão do ideológico e domesticador complexo industrial-militar *high-tech*, de alardear as aplicações de suas tecnologias aos problemas de fala e de movimento das pessoas descapacitadas (ou diferentemente capacitadas) adquire uma ironia especial numa cultura monoteísta, patriarcal e frequentemente antissemita, quando a fala gerada por computador permite que um garoto sem voz cante o Haftorá, em seu Bar Mitzvah. Ver Sussman (1986). Tornando as definições sociais de "capacidade" particularmente claras, definições que são sempre relativas ao contexto, os militares *high-tech* demonstram uma habilidade muito especial para fazer com que os seres humanos sejam descapacitados por definição, o que constitui um aspecto perverso de grande parte do campo de batalha automatizado e do campo de Pesquisa e Desenvolvimento da Guerra nas Estrelas. Ver Welford (1º de julho de 1986).

[34] James Clifford (1985, 1988) argumenta, de forma convincente, em favor do reconhecimento de uma invenção cultural contínua, em favor da teimosia daquelas pessoas "marcadas" pelas práticas ocidentais imperializantes em não se deixar eliminar.

[35] DuBois (1982), Daston e Park ([s.d.]), Park e Daston (1981). O substantivo *monstro* tem a mesma raiz que o verbo *demonstrar*.

[36] "Falar em línguas", em inglês, *to speak in tongues*, significa aqui o fenômeno observado em certas religiões pentecostais, no qual os fiéis, em transe coletivo, expressam-se em sons ininteligíveis, que dão a impressão de que as pessoas estão falando uma diversidade de línguas ao mesmo tempo. Na frase, essa expressão, com sua conotação religiosa, está relacionada com a palavra "supersalvadores", também de tom religioso. (N.T.)

Referências

Athanasiou, Tom. High-tech Politics: the Case of Artificial Intelligence. *Socialist Review,* n. 92, 1987, p. 7-35.

Bambara, Toni Cade. *The Salt Eaters.* Nova York: Vintage/Random House, 1982.

Baudrillard, Jean. *Simulations.* Nova York: Semiotexte, 1983.

Bird, Elizabeth. *Green Revolution Imperialism*, I & II. Trabalhos apresentados na University of California at Santa Cruz, 1984.

Bleier, Ruth. *Feminist Approaches to Science.* Nova York: Pergamon, 1986.

Bleier, Ruth. *Science and Gender: a Critique of Biology and its Themes on Women.* Nova York: Pergamon, 1984.

Blumberg, Rae Lesser. *A General Theory of Sex Stratifcation and Its Application to Positions of Women in Today's World Economy.* Paper delivered to the Sociology Board of the University of California, Santa Cruz, 1983.

Blumberg, Rae Lesser. *Stratification: Socioeconomic and Sexual Inequality.* Boston: Brown, 1981.

Burke, Carolyn. Irigaray Through the Looking Glass. *Feminist: Studies,* v. 7, n. 2, 1981, p. 288-306.

Burr, Sara G. Women and work In: Haber, Barbara K. (Ed.). *The Women's Annual, 1981.* Boston: G. K. Hall, 1982.

Busch, Lawrence; Lacy, William. *Science, Agriculture, and The Politics of Research.* Boulder, CO: Westview, 1983.

Butler-Evans, Elliott. *Race, Gender and Desire: Narrative Strategies and the Production of Ideology in the Fiction of Toni Cade Bambara, Toni Morrison and Alice Walker*. 1987. Tese (Doutorado) – University of California, Santa Cruz, 1987.

Carby, Hazel. *Reconstructing Womanhood: the Emergence of the Afro-American Woman Novelist*. Nova York: Oxford University Press, 1987.

Christian, Barbara. *Black Feminist Criticism: Perspectives on Black Women Writers*. Nova York: Pergamon, 1985.

Clifford, James. On Ethnographic Allegory. In: Clifford, James; Marcus, George (Orgs.). *Writing Culture: the Poetics and Politics of Ethnography*. Berkeley: University of California Press, 1985.

Clifford, James. *The Predicament of Culture: Twentieth-Century Ethnography, Literature, and Art*. Cambridge, MA: Harvard University Press, 1988.

Cohn, Carol. Nuclear Language and How We Learned to Pat the Bomb. *Bulletin of Atomic Scientists*, 1987a, p. 17-24.

Cohn, Carol. Sex and Death in the Rational World of Defense Intellectuals. *Signs*, v. 12, n. 4, 1987b, p. 687-718.

Collins, Patricia Hill. Third World Women in America. In: Haber, Barbara K. (Org.). *The Women's Annual*: 1981. Boston: G. K. Hall, 1986.

Cowan, Ruth Schwartz. *More Work for Mother: The Ironies of Household Technology from the Open Hearth to the Microwave*. Nova York: Basic, 1983.

D'Onofrio-Flores, Pamela; Pfafflin, Sheila M. (Orgs.). *Scientific-Technological Change and the Role of Women in Development*. Boulder: Westview, 1982.

Daston, Lorraine; Park, Katherine. Hermaphrodites. In: *Renaissance France*, trabalho inédito, [s.d.].

Derrida, Jacques. *Of Grammatology*. Baltimore: Johns Hopkins University Press, 1976.

Douglas, Mary. *Natural Symbols*. London: Cresset Press, 1970.

Douglas, Mary. *Purity and Danger*. London: Routledge and Kegan Paul, 1966.

DuBois, Page. *Centaurs and Amazons*. Ann Arbor: University of Michigan Press, 1982.

Duchen, Claire. *Feminism in France from May '68 to Mitterand*. London: Routledge and Kegan Paul, 1986.

Edwards, Paul. Border Wars: The Science and Politics of Artificial Intelligence. *Radical America*, v. 19, n. 6, 1985, p. 39-52.

Enloe, Cynthia. *Does Khaki Become You? The Militarization of Women's Lives*. Boston: South End, 1983b.

Enloe, Cynthia. Women Textile Workers in the Militarization of Southeast Asia. In: Nash, June; Fernandez-Kelly, Maria Patricia (Orgs.). *Women and Men and the International Division of Labor*. Albany: State University of New York Press, 1983a. p. 407-425.

Epstein, Barbara. *Political Protest and Cultural Revolution: Nonviolent Direct Action in the Seventies and Eighties*. Berkeley: University of California Press (no prelo).

Evans, Mari (Org.). *Black Women Writers: A Critical Evaluation*. Garden City, NY: Doubleday/Anchor, 1984.

Fausto-Sterling, Anne. *Myths of Gender: Biological Theories about Women and Men*. Nova York: Basic, 1985.

Fernandez-Kelly, Maria Patricia. *For We are Sold, I and my People*. Albany: State University of New York Press, 1983.

Fisher, Dexter (Org.). *The Third Woman: Minority Women Writers of the United States*. Boston: Houghton Mifflin, 1980.

Flax, Jane. Political Philosophy and the Patriarchal Unconscious: A Psychoanalytic Perspective on Epistemology and Metaphysics. In: Harding, Sandra; Hintikka, Merrill (Orgs.) *Discovering Reality: Feminist Perspecties on Epistemology, Metaphysics, Methodology and Philosophy of Science*. Dordrecht: Reidel, 1983. p. 245-282.

Foucault, Michel. *Discipline and Punish: the Birth of the Prison*. Nova York: Vintage, 1979.

Foucault, Michel. *The Birth of the Clinic: an Archaeology of Medical Perception*. Nova York: Vintage, 1975.

Foucault, Michel. *The History of Sexuality. v. 1: An Introduction*. Nova York: Pantheon, 1978.

Fraser, Kathleen. *Something. Even Human Voices. In the Foreground, a Lake*. Berkeley: Kelsey St. Press, 1984.

Frontiers: A Journal of Women's Studies. 1980. Volume 1.

Frontiers: A Journal of Women's Studies. 1983. Volume 3.

Fuentes, Annette; Ehrenreich, Barbara. *Women in the Global Factory*. Boston: South End, 1983.

Gates, Henry Louis. Writing "Race" and the Difference it Makes. In: "Race": Writing and Difference, número especial. *Critical Inquiry*, v. 12, n. 1, 1985, p. 1-20.

Giddings, Paula. *When and Where I Enter: the Impact of Black Women on Race and Sex in America*. Toronto: Bantam, 1985.

Gilbert, Sandra M.; Gubar, Susan. *The Madwoman in the Attic: the Woman Writer and the Nineteenth-Century Literary Imagination*. New Haven, CT: Yale University Press, 1979.

Gordon, Linda. *Heroes of Their Own Lives: The Politics and History of Family Violence, Boston 1880-1960*. Nova York: Viking Penguin, 1988.

Gordon, Richard; Kimball, Linda. "High-Technology, Employment and the Challenges of Education", Silicon Valley Research Project, Working Paper, n. 1, 1985.

Gordon, Richard. "The Computerization of Daily Life, the Sexual Division of Labor, and the Homework Economy", Silicon Valley Workshop conference, University of California at Santa Cruz, 1983.

Gould, Stephen. *The Mismeasure of Man*. Nova York: Norton, 1981.

Gregory, Judith; Nussbaum, Karen. Race Against Time: Automation of the Office. *Office: Technology and People*, n. 1, 1982, p. 197-236.

Griffin, Susan. *Woman and Nature: The Roaring inside Her*. Nova York: Harper & Row, 1978.

Grossman, Rachel. Women's place in the Integrated Circuit. *Radical America*, v. 14, n. 1, 1980, p. 29-50.

Haas, Violet; Perucci, Carolyn (Orgs.). *Women in Scientific and Engineering Professions*. Ann Harbor: University of Michigan Press, 1984.

Hacker, Sally; Bovit, Liza. "Agriculture to Agribusiness: Technical Imperatives and Changing Roles". Trabalho apresentado em Society for the History of Technology, Milwaukee, 1981.

Hacker, Sally. "Doing it the Hard Way: Ethnographic Studies in the Agribusiness and Engineering Classroom". Trabalho apresentado em California American Studies Association, Pomona, 1984.

Hacker, Sally. The Culture of Engineering: Women, Workplace, and Machine. *Women's Studies International Quarterly*, v. 4, n. 3, 1981, p. 341-353.

Haraway, Donna. Class, Race, Sex, Scientific Objects of Knowledge: A Socialist-Feminist Perspective on the Social Construction of Productive Knowledge and Some political Consequences. In: Hass, Violet; Perucci, Carolyn (Orgs.). *Women in Scientific and Engineering Professions*. Ann Harbor: University of Michigan Press. 1984, p. 212-229.

Haraway, Donna. *Lieber Kyborg als Göttin: Für eine Socialistisch-Feministstische Unterwanderung der Gentechnologie*. In: Lange, Bernd-Peter; Stuby, Anna Marie (Orgs.). Berlim: *Argument-Sonderband*, n. 105, 1984, p. 66-84.

Haraway, Donna. *Primate Visions: Gender, Race, and Nature in the World of Modern Science*. Nova York: Routledge, 1989b.

Haraway, Donna. Signs of Dominance: From a Physiology to a Cybernetics os Primate Society. *Studies in History of Biology*, n. 6, 1983, p. 129-219.

Haraway, Donna. *Simians, Cyborgs, and Women: The Reinvention of Nature*. Nova York: Routledge, 1991.

Haraway, Donna. Teddy Bear Patriarchy: Taxidermy in the Garden of Eden, New York City, 1908-36. *Social Text* II, 1984-1985, p. 20-64.

Haraway, Donna. The Biological Enterprise: Sex, Mind, and Profit From Human Engineering to Sociobiology. *Radical History Review*, n. 20, 1979, p. 206-237.

Harding, Sandra; Hintikka, Merrill (Orgs.). *Discovering Reality: Feminist Perspectives on Epistemology, Metaphysics, Methodology and Philosophy of Science.* Dordrecht: Reidel, 1983.

Harding, Sandra. *The Science Question in Feminism.* Ithaca: Cornell University Press, 1986.

Hartsock, Nancy. *Money, Sex, and Power.* Nova York: Longman; Boston: Northeastern University Press, 1983b.

Hartsock, Nancy. Rethinking Modernism: Minority and Majority Theories. *Cultural Critique*, n. 7, 1987, p. 187-206.

Hartsock, Nancy. The Feminist Standpoint: Developing the Ground for a Specifically Feminist Historical Materialism. In: Harding, Sandra; Hintikka, Merrill (Orgs.). *Discovering Reality: Feminist Perspectives on Epistemology, Metaphysics, Methodology and Philosophy of Science.* Dordrecht: Reidel, 1983a. p. 283-310.

Hogness, Erik Rusten. *Why Stress? A Look at the Making of Stress, 1936-1956.* Unpublished manuscript, 1983.

hooks, bell. *Ain't I a Woman.* Boston: South End, 1981.

hooks, bell. *Feminist Theory: From Margin to Center.* Boston: South End, 1984.

Hrdy, Sarah Blaffer. *The Woman that Never Evolved.* Cambridge: Harvard University Press, 1981.

Hubbard, Ruth; Henifin, Mary Sue; Fried, Barbara (Orgs.). *Biological Woman, the Convenient Myth.* Cambridge: Schenkman, 1982.

Hull, Gloria; Scott, Patricia Bell; Smith, Barbara (Orgs.). *All the Women are White, all the Men are Black, but Some of us are Brave.* Old Westbury: The feminist Press, 1982.

International Fund For Agricultural Development. Ifad. *Experience Relating to Rural Women, 1977-84.* Roma: IFAD, 1985, n. 37.

Irigaray, Luce. *Ce sexe que n'en est pas un.* Paris: Minuit, 1977.

Irigaray, Luce. *Et l'une ne bouge pas sans l'autre*. Paris: Minuit, 1979.

Jaggar, Alison. *Feminist Politics and Human Nature*. Totowa, NJ: Roman & Allenheld, 1983.

Jameson, Fredric. Post-Modernism, or the Cultural Logic of Late Capitalism. *New Left Review*, n. 146, 1984, p. 53-92.

Kahn, Douglas; Neumaier, Diane (Orgs.). *Cultures in Contention*. Seattle: Real Comet, 1985.

Keller, Evelyn Fox. *A Feeling for the Organism*. São Francisco: Freeman, 1983.

Keller, Evelyn Fox. *Reflections on Gender and Science*. New Haven: Yale University Press, 1985.

King, Katie. "The Pleasure of Repetition and the Limits of Identification in Feminist Science Fiction: Reimaginations of the Body After the Cyborg". Trabalho apresentado em California American Studies Association, Pomona, 1984.

King, Katie. *Canons Without Innocence*. PhD diss., University of California, Santa Cruz, 1987a.

King, Katie. Canons Without Innocence. Tese de PhD. University of California at Santa Cruz, 1987a.

King, Katie. The Passing Dreams of Choice: Audre Lorde and the Apparatus of Literary Production. Unpublished manuscript, 1987b.

King, Katie. *The Pleasure of Repetition and the Limits of Identifcation in Feminist Science Fiction: Reimaginations of the Body afer the Cyborg*. Presented at the California American Studies Association, Pomona, 1984.

King, Katie. The Situation of Lesbianism as Feminism's Magical Sign: Contests for Meaning and the U.S. Women's Movement, 1968-72. *Communication*, v. 9, n. 1, 1986, p. 65-92.

Kingston, Maxine Hong. *China Men*. Nova York: Knopf, 1977.

Klein, Hilary. Marxism, Psychoanalysis, and Mother Nature. *Feminist Studies*, v. 15, n. 1, 1989, p. 255-278.

Knorr-Cetina, Karin; Mulkay, Michael (Orgs.). *Science Observed: Perspectives on the Social Study of Science.* Beverly Hills: Sage, 1983.

Knorr-Cetina, Karin. *The Manufacture of Knowledge.* Oxford: Pergamon, 1981.

Kramarae, Cheris; Treichler, Paula. *A Feminist Dictionary.* Boston: Pandora, 1985.

Latour, Bruno; Woolgar, Steve. *Laboratory Life: the Social Construction of Scientific Facts.* Beverly Hills: Sage, 1979.

Latour, Bruno. *Les Microbes: Guerre et Paix, Suivi des Irréductions.* Paris: Métailié, 1984.

Lauretis, Teresa de (Org.). *Feminist Studies/Critical Studies.* Bloomington: Indiana University Press, 1986b.

Lauretis, Teresa de. Feminist Studies/Critical Studies: Issues, Terms, and Contexts. In: Lauretis, Teresa de (Org.). *Feminist Studies/Critical Studies.* Bloomington: Indiana University Press, 1986a.

Lauretis, Teresa de. The Violence of Rhetoric: Considerations on Representation and Gender. *Semiotica*, n. 54, 1985, p. 11-31.

Lerner, Gerda (Org.). *Black Women in the White America: a Documentary History.* Nova York: Vintage, 1973.

Lévi-Strauss, Claude. *Tristes Tropiques.* Nova York: Atheneum, 1971.

Lewontin, R. C.; Rose, Steven; Kamin, Leon J. *Not in our Genes: Biology, Ideology and Human Nature.* Nova York: Pantheon, 1984.

Lorde, Audre. *Irmã utsider.* Belo Horizonte: Autêntica, 2019.

Lorde, Audrey. *Zami: A New Spelling of My Name.* Watertown, Mass.: Persephone Press, 1982.

Lowe, Lisa. *French Literary Orientalism: the Representation of 'Others' in the Texts of Montesquieu, Flaubert and Kristeva.* 1986. Tese (PhD) – University of California, Santa Cruz, 1986.

Mackey, Nathaniel. Review. *Sulfur*, n. 2, 1984, p. 200-205.

Many Voices, One Chant: Black Feminist Perspectives. *Feminist Review*, n. 17, número especial, 1984.

Marcuse, Herbert. *One-Dimensional Man*. Boston: Beacon Press, 1964.

Markoff, John; Siegel, Lenny. "Military micros". Trabalho apresentado na Silicon Valley Research Project Conference, University of California at Santa Cruz, 1983.

Marks, Elaine; Courtivron, Isabelle de (Orgs.). *New French feminisms*. Amherst: University of Massachusetts Press, 1980.

McCafery, Anne. *The Ship Who Sang*. New York: Ballantine, 1969.

Merchant, Carolyn. *The Death of Nature: Women, Ecology, and the Scientifc Revolution*. New York: Harper and Row, 1980.

Microelectronics Group. *Microelectronics: Capitalist Technology and the Working Class*. Londres: CSE, 1980.

Minh-Ha, Trinh T. "Introduction" e "Difference: 'a Special Third World Women Issue". *Discourse: Journal for Theoretical Studies in Media and Culture*, n. 8, 1986-1987, p. 3-38.

Mohanty, Chandra Talpade. Under Western Eyes: Feminist Scholarship and Colonial Discourse. *Boundary*, v. 2/3, n. 12/13, 1984, p. 333-358.

Moraga, Cherríe; Anzaldúa, Gloria (Orgs.). *This Bridge Called my Back: Writings by Radical Women of Color*. Watertown: Persephone, 1981.

Moraga, Cherríe. *Loving in the War Years: lo que nunca paso por sus labios*. Boston: South End Press, 1983.

Morgan, Robin (Ed.). *Sisterhood is Global*. Garden City: Anchor/Doubleday, 1984.

Nash, June; Fernandez-Kelly, Maria Patricia (Orgs.). *Women and Men and the International Division of Labor*. Albany: State University of New York Press, 1983.

Nash, Roderick. The Exporting and Importing of Nature: Nature-Appreciation as a Commodity, 185-1980. *Perspectives in American History*, n. 3, 1979, p. 517-560.

National Science Foundation. *Women in Science and Engineering*. Washington: NSF, 1988.

Nelson, B. J. *Women's Poverty and Women's Citizenship: Some Political Consequences of Economic Marginality*. Número especial de *Signs*, v. 10, n. 2, 1984.

O'Brien, Mary. *The Politics of Reproduction*. Nova York: Routledge & Kegan Paul, 1981.

Ong, Aihwa. *Spirits of Resistance and Capitalist Discipline: Factory Workers in Malaysia*. Albany: State University of New York Press, 1987.

Ong, Walter. *Orality and literacy: the Technologizing of the Word*. Nova York: Methuen, 1982.

Park, Katherine; Daston, Lorraine J. Unnatural Conceptions: the Study of Monsters in Sixteenth and Seventeenth-Century France and England. *Past and Present*, n. 92, 1981, p. 20-54.

Perloff, Marjorie. Dirty Language and Scramble Systems. *Sulfur*, n. 11, 1984, p. 178-183.

Petschesky, Rosalind. Abortion, Anti-Feminism, and the Rise of the New Right. *Feminist Studies,* n. 7, v. 2, 1981, p. 206-246.

Piven, Frances Fox; Cloward, Richard. *The New Class War: Reagan's Attack on the Welfare State and its Consequences*. Nova York: Pantheon, 1982.

Preston, Douglas. Shooting in Paradise. *Natural History*, v. 93, n. 12, 1984, p. 14-19.

Reskin, Barbara F.; Hartmann, Heidi (Orgs.). *Women's Work, Men's Work*. Washington, National Academy of Sciences, 1986.

Rich, Adrienne. *The Dream of a Common Language*. Nova York: Norton, 1978.

Rose, Hilary. Hand, Brain, and Heart: a Feminist Epistemology for the Natural Sciences. *Signs*, v. 9, n. 1, 1983, p. 73-90.

Rose, Hilary. Women's Work: Women's Knowledge. In: Mitchell, Juliet; Oakley, Ann (Orgs.). *What is Feminism? A Re-Examination*. Nova York: Pantheon, 1986. p. 161-183.

Rose, Stephen. *The American Profile Poster: Who Owns What, Who Makes How Much, Who Works Where, and Who Lives With Whom?* Nova York: Pantheon, 1986.

Rossiter, Margaret. *Women Scientists in America*. Baltimore: Johns Hopkins University Press, 1982.

Rothschild, Joan (Org.). *Machina ex Dea: Feminist Perspectives on Technology*. Nova York: Pergamon, 1983.

Russ, Joanna. *How to Suppress Women's Writing*. Austin: University of Texas Press, 1983.

Sachs, Carolyn. *The Invisible Farmers: Women in Agricultural Production*. Totowa: Rowman & Allanheld, 1983.

Said, Edward. *Orientalism*. Nova York: Pantheon, 1978.

Sandoval, Chela. *Dis-Illusionment and the Poetry of the Future: the Making of Oppositional Consciousness*. PhD qualifying essay, University of California at Santa Cruz, 1984.

Sandoval, Chela. *Yours in Struggle: Women Respond to Racism, a Report on the National Women's Studies Association*. Oakland: Center for Third World Organizing, [s.d.].

Schiebinger, Londa. The History and Philosophy of Women in Science: a Review Sssay. *Signs*, v. 12, n. 2, 1987, p. 305-332.

Science Policy Research Unit. *Microelectronics and Women's Employment in Britain*. University of Sussex, 1982.

Smith, Barbara. *Home Girls: a Black Feminist Anthology*. Nova York: Kitchen Table, Women of Color Press, 1983.

Smith, Dorothy. A Sociology of Women. In: Sherman, J.; Beck, E. T. (Orgs.). *The Prism of Sex*. Madison: University of Wisconsin Press, 1979.

Smith, Dorothy. Women's Perspective as a Radical Critique of Sociology. *Sociological Inquiry*, n. 44, 1974.

Sofia, Zoe. Exterminating Fetuses: Abortion, Disarmament, and the Sexo-Semiotics of Extra-Terrestrialism. *Diacritics*, v. 14, n. 2, 1984, p. 47-59.

Sofoulis, Zoe. Jupiter Space. Trabalho apresentado na American Studies Association, Pomona, CA, 1984.

Sontag, Susan. *On Photography*. Nova York: Dell, 1977.

Stacey, Judith. Sexism by a Subtler Name? Postindustrial Conditions and Postfeminist Consciousness in the Silicon Valley. *Socialist Review*, n. 96, 1987, p. 7-28.

Stallard, Karin; Ehrenreich, Barbara; Sklar, Holly. *Poverty in the American Dream*. Boston: South End, 1983.

Sturgeon, Noel. "Feminism, Anarchism, and Non-Violent Direct Action Politics". Exame de qualificação, University of California at Santa Cruz, 1986.

Sussman, Vic. Personal Tech: Technology Lends a Hand. *The Washington Post Magazine*, 9 nov. 1986, p. 45-56.

Traweek, Sharon. *Beamtimes and lifetimes: the world of High Energy Physics*. Cambridge, MA: Harvard University Press, 1988.

Treichler, Paula. AIDS, Homophobia, and Biomedical Discourse: an Epidemic of Signification. *Cultural Studies* 1 (3), 1987, p. 263-305.

Waal, Frans de. *Chimpanzee Politics: Power and Sex among Apes*. New York: Harper and Row, 1982.

Weizenbaum, Joseph. *Computer Power and Human Reason*. São Francisco: Freeman, 1976.

Welford, John Noble. Pilot's Helmet Helps Interpret High Speed World. *The New York Times*, 1 jul. 1986, p. 21, 24.

Wilfred, Denis. Capital and Agriculture, a Review of Marxian Problematics. *Studies in Political Economy*, n. 7, 1982, p. 127-54.

Winner, Langdon. *Autonomous Technology: Technics Out of Control as a Theme in Political Thought*. Cambridge: MIT Press, 1977.

Winner, Langdon. Do Artifacts Have Politics? *Daedalus*, v. 109, n. 1, 1980, p. 121-136.

Winner, Langdon. *The Whale and the Reactor*. Chicago: University of Chicago Press, 1986.

Winograd, Terry; Flores, Fernando. *Understanding Computers and Cognition: a New Foundation for Design*. Norwood: Ablex, 1986.

Wittig, Monique. *The Lesbian Body*. Nova York: Avon, 1973.

Wright, Susan. Recombinant DNA Technology and its Social Transformations, 1972-1982. *Osiris*, v. 2, n. 2, 1986, p. 303-360.

Wright, Susan. Recombinant DNA: the Status of Hazards and Controls. *Environment*, v. 24, n. 6, 1981, p. 12-20, 51-53.

Young, Robert; Levidow, Les (Orgs.). *Science, Technology and the Labour Process*. 2 v. Londres: CSE e Free Association Books, 1981, 1985.

Young, Robert. Interpreting the Production of Science. *New Scientist*, n. 29, 1979, p. 1026-1028.

Yoxen, Edward. *The Gene Business*. Nova York: Harper & Row, 1983.

Zimmerman, Jan (Org.). *The Technological Woman: Interfacing with Tomorrow*. Nova York: Praeger, 1983.

Genealogia do ciborgue

Hari Kunzru

Ciborgue. A palavra tem um quê de implausibilidade que leva muitas pessoas a descartá-la como mera fantasia. Os ciborgues, entretanto, os ciborgues reais, têm estado entre nós por quase cinquenta anos. O primeiro ciborgue do mundo foi um rato de laboratório, de um programa experimental no Hospital Estadual de Rockland, Nova York, no final dos anos 1950. Implantou-se no corpo do rato uma pequena bomba osmótica que injetava doses precisamente controladas de substâncias químicas que alteravam vários de seus parâmetros fisiológicos. Ele era em parte animal, em parte máquina.

O rato de Rockland é um dos astros de um artigo intitulado "Ciborgues e espaço", escrito por Manfred Clynes e Nathan Kline, em 1960. Essa dupla, formada por um engenheiro e um psiquiatra, inventou o termo "ciborgue" [*cyborg*] (abreviatura de "*cybernetic organism*") para descrever o conceito de um "homem ampliado", um homem melhor adaptado aos rigores da viagem espacial. Clynes e Kline imaginavam um futuro astronauta cujo coração seria controlado por injeções e anfetaminas e cujos pulmões seriam substituídos por uma "célula energética inversa", alimentada por energia nuclear.

Desde o início, o ciborgue era mais do que apenas um outro projeto técnico; era uma espécie de sonho científico e militar. A possibilidade de fugir de suas irritantes limitações corporais levou uma geração que cresceu com o Super-Homem e o Capitão América a gastar todo o seu orçamento de "pesquisa e desenvolvimento" para conseguir um superpoder na vida real. Em meados dos anos 1960, os ciborgues representavam um grande negócio, com milhões de dólares da Força Aérea estadunidense sendo canalizados para projetos de construção de exoesqueletos, braços robóticos do tipo mestre-escravo, dispositivos de *biofeedback* e sistemas especializados. Apesar de todo o dinheiro e da empertigada seriedade, a impressão dominante deixada por velhos artigos técnicos sobre o ciborgue é a de um tipo bastante caro de ficção científica. O raciocínio científico dissolve-se, repetidamente, em uma especulação metafísica sobre evolução, fronteiras humanas e mesmo sobre a possibilidade daquilo que Clynes e Kline chamam de "uma nova e mais ampla dimensão para o espírito do homem". O ciborgue foi sempre, além de um fato científico, uma criatura da imaginação científica.

Não foram somente os militares que foram seduzidos pelas possibilidades do ciborgue. O sonho de melhorar as capacidades humanas por meio de uma reprodução seletiva tem constituído, desde muito, um item obrigatório do lado sombrio da literatura médica ocidental. Existe, agora, a possibilidade de se fabricar humanos melhores, ampliando suas capacidades por meio de dispositivos artificiais. Doses de insulina têm sido utilizadas para controlar os metabolismos dos diabéticos desde os anos 1920. Uma máquina constituída de uma combinação de pulmão e coração foi utilizada para controlar a circulação sanguínea de uma moça de 18 anos durante uma operação em 1953. Um homem de 43 anos recebeu o primeiro implante de marca passo em 1958.

Nos anos 1970, a ideia de um ser humano ampliado tinha se generalizado. Steve Austin, o "Homem de Seis Milhões de Dólares", e seu companheiro Jaime Sommers, bem como a Mulher Biônica (com seus braços biônicos e seu ouvido biônico supersensível), tinham se tornado heróis populares: seus superpoderes, fabricados sob medida, podiam ser diretamente comprados tal como se compra um relógio digital. O ciborgue tinha se transformado de uma fantasia acadêmica em assunto do horário nobre da TV.

Obviamente, robôs, autômatos e pessoas artificiais tinham feito parte da imaginação ocidental desde pelo menos o Iluminismo. O legendário construtor de autômatos Wolfgang von Kempelen construiu um turco de lata que jogava xadrez, tendo se tornado a coqueluche da Europa napoleônica. O Frankenstein de Mary Shelley construiu – a partir de partes do corpo – um monstro que era ativado por eletricidade. Mesmo o épico nacional indiano, *Mahabharata*, escrito em torno de 300 a.C., apresentava um autômato em forma de leão.

Uma coisa porém torna o ciborgue de hoje fundamentalmente diferente de seus ancestrais mecânicos: a informação. Os ciborgues, explica Haraway, "são máquinas de informação. Eles trazem dentro de si sistemas causais circulares, mecanismos autônomos de controle, processamento de informação – são autômatos com uma autonomia embutida".

Tudo isso traz de volta a história do ciborgue à ciência pessoal de um homem só e ao começo da Guerra Fria.

Norbert Wiener, em 1948, escreveu *Cybernetics, Or Control and Communication in the Animal and Machine*. O livro era mais do que ambicioso. Wiener, um matemático do Massachusetts Institute of Technology, viu surpreendentes similaridades entre um imenso grupo de diferentes fenômenos. Pegar uma bola, guiar um míssil, administrar uma empresa, fazer o sangue circular em um corpo – tudo lhe parecia depender da transmissão de "informação", um conceito sugerido por Claude Shannon, dos Laboratórios Bell, em sua obra fundadora sobre teoria da informação. Mais especificamente, esses processos pareciam depender daquilo que os engenheiros tinham começado a chamar de "*feedback*".

Wiener extraiu o nome "cibernética" do grego *kybernetes*, significando "o homem que dirige": a imagem do clássico piloto, com as mãos no timão de um barco a velas, capta perfeitamente a essência de sua ideia. Palinurus, aproximando-se das rochas, obtém informação visual sobre a posição do barco e ajusta o curso de acordo com essa informação. Esse não é um evento singular, mas um fluxo constante de informação.

Palinurus é parte de um circuito de *feedback*, seu cérebro recebe um *input* do ambiente, que informa a velocidade do vento, o tempo e a corrente e envia, então, sinais para que seus braços possam conduzir seu barco para longe do perigo. Wiener viu que o mesmo modelo poderia ser aplicado a qualquer problema que envolvesse a administração de um sistema complexo e propôs que os cientistas usassem o mesmo esquema para tudo.

Os seguidores de Wiener viram a cibernética como uma ciência que explicaria o mundo como um conjunto de sistemas de *feedback*, permitindo o controle racional de corpos, máquinas, fábricas, comunidades e praticamente qualquer outra coisa. A cibernética prometia reduzir problemas "confusos", em campos tais como a economia, a política e talvez a moral, à condição de simples tarefas de engenharia: uma coisa que se poderia resolver com lápis e papel ou, na pior das hipóteses, com um dos supercomputadores do MIT.

Os construtores de ciborgues estavam envolvidos na tarefa de tornar realidade as ideias de Wiener. Para eles, o corpo era apenas um computador de carne, executando uma coleção de sistemas de informação que se autoajustavam em resposta aos outros sistemas e a seu ambiente. Caso se quisesse construir um corpo melhor, tudo que se tinha a fazer era melhorar os mecanismos de *feedback* ou conectar um outro sistema – um coração artificial, um onisciente olho biônico. Não é por acaso que esse quadro estranhamente abstrato do corpo, concebido como uma coleção de redes, assemelha-se bastante àquela outra rede de redes, a Internet; vieram, ambas, daquela mesma estufa da pesquisa militar da Guerra Fria.

O sonho de Wiener, de uma ciência universal da comunicação e do controle, apagou-se com o correr dos anos. A cibernética deu origem a novas áreas como ciências cognitivas e estimulou pesquisas valiosas em numerosos outros campos. Mas quase ninguém, hoje, se autointitula um "ciberneticista". Alguns acreditam que o projeto de Wiener tornou-se vítima da moda científica, seu financiamento sendo desperdiçado em vistosas – mas ao final irrelevantes – pesquisas sobre Inteligência Artificial. Outros pensam que a cibernética foi eliminada pelo problema central de que os mecanismos básicos de controle e comunicação nas máquinas são significativamente diferentes daqueles que existem nos animais e nenhum deles se assemelha aos mecanismos de controle e comunicação existentes na sociedade. Assim, a cibernética, que estava baseada em uma inspirada generalização, tornou-se vítima da incapacidade para lidar com detalhes. Não importa qual dessas perspectivas é a verdadeira (e, tal como ocorre com a maioria das histórias, a verdade é, provavelmente, uma mistura de ambas), a cibernética deixou dois importantes resíduos culturais. O primeiro é sua descrição do mundo como uma coleção de redes. O segundo é sua intuição de que não existe uma distinção tão clara entre pessoas e máquinas quanto alguns gostariam de crer. Esses ainda controversos conceitos estão no coração biônico do ciborgue, que está vivo e passando bem, e se autoconstruindo em algum laboratório perto de você.

O ciborgue dos anos 1990 é uma criatura mais sofisticada do que seu ancestral dos anos 1950 e, ao mesmo tempo, uma criatura mais doméstica. Juntas pélvicas artificiais, implantes de tímpanos para os surdos, implantes de retina para os cegos e todo o tipo de cirurgia cosmética fazem parte, hoje, do repertório médico. Sistemas de recuperação de informação *on-line* são utilizados como próteses para memórias humanas limitadas. No mundo fechado da sofisticada indústria da guerra, combinações ciborguianas de humanos e máquinas são utilizadas para pilotar aeronaves militares – os tempos de resposta e os aparelhos sensórios de simples e "puros" humanos são inadequados para as demandas do combate aéreo supersônico. Esses arrepiantes ciborgues militares podem ser os anunciadores de um mundo novo mais estranho do que qualquer outro dos que vivemos até agora.